時報出版

黎明前的半島記憶

韓國人權與民主紀行

朱立熙、王政智、鄭乃瑋——著

目次
content

推薦序一 4
推薦序二 6
作者序一 10
作者序二 13

第一章　首爾歷史地標

吳武壯公祠 18
京橋莊：大韓民國歷史的開端 22
韓戰與中共戰俘 26
「南營洞」與「六月抗爭」 36
「六月民主抗爭震源地」聖公會教堂 43
李韓烈紀念館 46
西大門刑務所歷史館 51

四一九民主墓地 55
大韓民國歷史博物館 59

第二章　釜山歷史地標

釜馬民主抗爭 64
正義辯護人與豬肉湯飯 71
釜山民主公園與民主抗爭紀念館 75
國際市場：半世紀的諾言 77

第三章　濟州歷史地標

濟州島的故事 84
「濟州四三」是什麼？ 85

目次
content

觀德亭 92
北村里大屠殺 95
濟州四三和平公園 101

第四章　光州歷史地標

五一八光州民主化運動 116
舊全羅南道廳與五一八民主廣場 132
五一八民主化運動紀錄館 138
五一八紀念基金會與五一八紀念公園 140
五一八自由公園 142
望月洞墓園（五一八舊墓園） 145
《我只是個計程車司機》：從辛茲彼得與金士福談起 148
國立五一八民主墓園 156

第五章　其他歷史地標

國民保（輔）導聯盟事件 162
老斤里良民屠殺事件 165
檀園高中世越號船難 170

第六章　附錄

附錄一：南韓轉型正義未竟之路：從濟州四三到光州五一八 176
附錄二：以韓國為師：韓國黯黑之行的意義 185
附錄三：光州事件史蹟列表 189

推薦序一

國家人權博物館館長　陳俊宏

本書記錄了臺灣長期致力於人權教育的老師，在韓國參加人權之旅的所見所聞。在日常生活中，我們習慣於從娛樂工業的角度認識韓國，事實上韓國不只在地緣上與我們親近，在政治、經濟層面，也共享著類似的發展路徑，因此朱立熙老師與王政智老師以參訪的經驗撰寫本書，許多人權景點的介紹，豐富我們對於韓國不同面向的認識，讓我們以人權的角度認識韓國，是一本值得細細品味的好書。

韓國與臺灣，在民主化的研究中，經常是相互比較的案例，兩個國家在冷戰時期憑藉著美國的強力扶持，生產力迅速從戰後復甦，帶動快而猛的經濟成長。戰後快速的經濟成長並不稀奇，西歐許多國家也靠著馬歇爾計畫迅速重回世界舞臺，韓國與臺灣之所以特別，是因為兩國均從經濟成長的紅利中，走向國家體制的民主化，這個特殊的發展路徑，使得兩國早期被視作經濟發展帶動民主發展的典範，後續也帶動許多研究辯論經濟發展與民主化的關聯。

觀察近年許多威權國家的政治經濟發展，我們會發現經濟發展與民主化的關係，不再只是過去被簡單地理解為「線性因果關係」，優秀的經濟數字，並不能轉化為民主的果實。這個現象讓我們必須重新思考，經濟發展與民主的關係是什麼？民主的內涵是什麼？

民主不應該被侷限在四年一次的投票行為，曾經在投票的時候，聽到民眾開心地說這是我們四年來唯一一天可以當主人的時候，言下之意，是除了這一天之外，我們跟國家的關係永遠是「一個在上一個在下」。這反映了民主尚未落實到我們的日常生活。事實上，民主應該被視為以人為中心的各種實踐，而民主與人權，又經常是密不可分的關係，當一個國家不重視人權，甚至恣意侵害人民的各種權利，則當然不會存在一個以人為中心的實踐環境。國家人權博物館站在這個基礎上，發展許多教育推廣活動，透過由下而上的培力，讓參與者認識什麼是民主與人權，希望藉由這種顛覆以往的工作方式，讓民眾可以從中間長出自己對於民主與人權的想像。我們期待未來，國家人權博物館在人權教育的推廣上，提供更為豐富的內容，也歡迎教學現場的老師，可以走出教室，到國家人權博物館認識轉型正義，以及許許多多重要的人權價值。

當我們確立我們對民主與人權的想像，回頭檢視韓國與臺灣的經驗，會得到許多啟發。因著類似的發展路徑，使我們共享許多相似的社會問題，例如貧富差距、環境汙染等，也因為兩國在二戰後均經歷長期的威權統治，民主化後的轉型正義、人權推廣等，都可以相互參照、交流。這本書記錄下許多深刻的民主與人權經驗，我們會發現，民主與人權不只是一個國家範圍內的事務，更是一個可以有機地連結，藉由國際交流反饋國內人權教育的素材。

推薦序二

教育部國教署人權教育資源中心執行祕書　楊素芳

促進轉型正義條例的立法與國家人權博物館的正式設立，開啟了以國家高度與資源挹注來推動轉型正義工程，讓臺灣社會正視過去威權時期政府大規模侵害人權的歷史。然而轉型正義的概念及其歷史詮釋，受到國內政經情勢及中國因素的影響下，至今仍舊存在相當大的歧見鴻溝。

另一方面，在教育現場，我們也注意到一〇八學年度正式實施的課程綱要，即便已納入轉型正義單元，然而在課堂上實施課程的教師，遇到外力介入干涉教學的情事也時有所聞，個別教師所承受的心理壓力與職業風險，也顯示轉型正義在教育領域的實踐仍有許多困境需要克服，如此只論立場不顧價值，並非民主運作的常態，也非教育中立的意涵。

在臺灣社會這樣的氛圍下，轉型正義可以透過什麼樣的方式持續推動它的進程呢？過去不義歷史的教學目標應該是什麼？與我們有相似經歷的韓國，是如何面對過去國家嚴重侵害人權的歷史？

抱持這樣的疑問，二〇一八及二〇一九連續兩年，我參與了國教署臺韓人權教育交流團，與本書作者王政智老師等一行人，前往首爾、光州及濟州等地參訪，在此之前我對韓國的認識可說是非常片面且淺薄，僅看到了韓國在戲劇、電影、音樂與飲食等產業向外輸出的亮麗成績，展現了強大的文化軟實力。

在這股韓流崛起的榮景中，也引發了許多人的好奇，究竟韓國為什麼能拍出叫好又叫座的轉型正義三部曲電影?!在兩次訪韓的機緣下，政大韓語系朱立熙老師安排大家走訪電影《芝瑟》、《我只是個計程車司機》、《一九八七：黎明到來的那一天》故事的歷史空間與紀念地景，並與當地的人權機構及教師交流，我們看到許多為了對抗遺忘而「記得」的各種努力，逐漸地形塑為韓國社會集體記憶的發展脈絡與社會條件，讓這些闇黑歷史轉化為大眾文化形式的創作，隨著韓流廣為人知。

在教育領域，我們也看到轉型正義的教學目標，在於讓學生思考「去人權化」的大規模侵害是如何發生？為什麼會發生？有沒有可能避免？誰應該為這樣的歷史錯誤負起責任？這些重要提問做為課程發展的原則依據，讓歷史歧見有機會被看見被討論，使得過去不義歷史的教學目標聚焦在人權價值的確立，防止人權違失與侵害的再度發生。如此的教學目標對於形塑現代民主社會的公民身份認同，可說是相當具有積極性與未來性。

這本書所書寫的歷史場景，記錄著包括濟州四三事件、光州五一八事件及六月抗爭中韓國人民對抗國家暴力的悲鳴與意志，雖然沉重，但三位作者以流暢輕盈的筆觸，訴說一個又一個不幸遭難的生命故事，傳遞給讀者的是過去不義歷史的當代意義。總結來說，這是一本關於韓國黑歷史的旅遊指南，按圖索驥，足以開啟我們知韓的另類視野；這也是一本為了人權教育扎根而寫的歷史書，它呼籲臺灣社會共同珍視民主與人權價值，很能引發共鳴。

近年來，教育部推動國際教育成效卓著，各級學校辦理國外參訪的教育旅行受到學生熱烈歡迎。與韓國的教育文化交流活動，若能加入一兩處本書所介紹的人權景點，並連結臺灣歷史經驗，相信更能拓展學生的國際視野與在地關懷。

後記

對於臺灣社會普遍存在的「寬恕論」，這裡我想引用作家吳晟〈經常有人向我宣揚〉的段落，反思我們對於歷史真相知道太少的同時，卻又急著對歷史正義提出解方。

要求魚蝦的滅絕寬恕汙水
要求森林的屠殺寬恕電鋸
要求土石的坍塌寬恕濫墾濫挖
要求廢墟島嶼寬恕粗暴的摧殘和糟蹋

經常有人向我宣揚寬恕
並宣揚理性消彌傷痛
懷抱感恩揮別悲情
這是何等崇高的節操
我本不該有任何質疑

然而每一道歷史挫傷
都結成永不消褪的傷疤
經常隱隱作痛、滲出血漬
經常發出哀慟的飲泣
誰又有資格接受寬恕

作者序一

朱立熙

二〇〇七年五月「二二八事件紀念基金會」跟光州「五一八紀念財團」簽署合作交流備忘錄，第一次參加五一八紀念儀式之後迄今，已不記得去光州多少次了，「光州事件」的二十九個史蹟地，卻沒有全部走遍。不過每一次去一個景點，會有新的發現與驚喜，然後再去回顧這裡當年發了什麼事，很有田野調查的樂趣。

濟州四三大屠殺事件也一樣，我造訪濟州至少五次，但一直到二〇一八年八月下旬才第一次走訪四三事件屠殺最慘重的北村里，而且一週之間去了兩次，像是去贖罪一樣。去濟州島，不論是四三和平公園與紀念館，或是走訪各地的慰靈碑，都是讓人心情沉重、笑都笑不出來的地方。

我大概是第一個把「光州事件」（現改稱「五一八光州民主化運動」）與「濟州四三」搬進大學課堂的人。從放映《華麗的假期》讓整個教室成為一片淚海，到解說光州事件如何落實轉型正義，如何制定兩項永遠可以追訴的「特別法」，將兩名政變掌權與屠殺光州的前總統司法起訴並判處重刑，讓學生去比較與省思臺灣的二二八事件。所以我常自我解嘲是「五一八傳教士」，十三年來在臺灣各地巡迴傳教，希望能夠啟迪更多的年輕世代對人權與轉型正義的重視。

這好像是上帝賦予我的使命，到人生的最後仍要全力以赴。幾次到地方高中與老師們分享之後，我突然頓悟了，與其我一個人獨唱，何不讓更多的老師也幫我唱，他們再唱給學生聽，如此才能讓效果擴大數十、數百倍。而且，高中生的可塑性最強，對一個學生的啟發可能是影響他一輩子的思維。

於是，二〇一五與二〇一六年我組了兩團的高中地理老師去「獨島／竹島」之後，老師們上課時很興奮地告訴學生，他去過獨島，只有從韓國才能去，所以獨島現在是韓國的。這樣特別的實地踏查經驗，自然會讓學生印象深刻。

也剛好到二〇一七年為止，我擔任了三屆高雄市的人權委員，跟范巽綠顧問一起努力推動對內對外的人權教育與交流；出任高雄市教育局局長後，她培訓了一批各級學校的人權教師與人權校長團，她本人也多次率領教師團到濟州與光州參訪與交流，因為她熟知戰後的人權事件與民主化運動，韓國與臺灣是最相似的難兄難弟。

於是在她的推動下，二〇一八、二〇一九年由教育部國教署規畫了兩次韓國民主人權參訪團，兩次的行程都是我設計的，而且兩次的路線與參訪景點都沒有重複。不論稱之為「人權景點踏查」或「黯黑之行」（Dark Tour），目的就是讓人權老師們以實地的見證回去唱給學生聽。

這本書所呈現的，就是連續兩年踏查景點的報告，算是完整地從景點與事件來解說背後的歷史故事。我常跟這群志同道合的人權老師們打趣地說，走完這些地方之後，「韓國人權景點踏查」這門課已經修完可以畢業，不需要再參加第三團了。

感謝教育部范巽綠次長，有如此的卓見與實踐力在推動人權教育，做為「人權傳教士」，我們是當之無愧了。也很開心有二十多位人權老師幫著我唱，希望能繼續擴大老師們的參與。當有一天能夠在全臺組成「人權合唱團」，那聲量就很可觀了。

最後，我想把本書獻給「勇敢的正義鬥士」楊偉中委員，因為在濟州被颱風所困，讓他到光州朝聖的希望落空，他最後的臉書遺言寫著：「人在濟州，但心在光州。」偉中，請在天上庇佑臺灣的人權教育，並賜給老師們勇敢前進的力量！

作者序二

王政智

有人說：「過去的事就讓它過去了吧？」但我認為人生可以豁達，歷史足跡不能被潮流吞沒，唯有將真相透過教育方式延續下去，整個國家或社會才能持續的向前邁進，否則若因遺忘而讓遺憾不斷上演，則會迷失在原地，遲遲等不到黎明曙光到來。

大韓民國與我國近代歷史發展有著許多相似之處，這樣的相似絕不是巧合，而是兩國在歷史脈絡、民主政治與人權發展上其實密不可分，甚至互相學習仿效。我是一位公民教師，我也熱愛閱讀歷史書籍與旅遊，因緣際會下，曾經以教師身分參訪過芬蘭、德國、韓國、日本、香港等國的教育單位，也多次帶領過學生進行教育旅行及交流，其中往來最頻繁的就屬韓國了。我發現臺灣學校常把「國際化」當成願景，並像口頭禪一樣隨口而出，但國際間的校際交流若是缺乏歷史的知識底蘊，則容易淪為淺碟式走馬看花的通病。近年在教育部范巽綠次長的大力支持下，隨著朱立熙教授與人權教育工作者們數次參訪韓國進行增能與研發，經由實地參訪濟州、首爾、光州等地的人權景點，也拜訪了相關機構與人士，在朱哥「不斷電」的醍醐灌頂後，我驚覺我對這個到訪過多次，且有這麼多朋友的國家，竟是那麼的陌生。這個陌生不是在於觀光層面，而在於韓國文化歷史方面，但是經由朱哥深入的說明與傳授，就像是武俠小說中所說的「打通任督二脈」一般，很多原本的疑惑就漸漸澄明，並且引發我搜尋相關資料進行研究的興趣。

朱哥常說「無論哈韓還是反韓，首先要知韓」。大韓民國曾經是中華民國的「兄弟之邦」，但斷交後就像是翻臉的前伴侶，不僅曾經互不來往，也把曾經熱戀時的點滴拋到經濟競爭之後。近年因為K—POP的崛起，臺灣青少年吹起一股「韓風」，而臺灣學校與韓國交流的數量也不斷增加，參與學生數也直線上升。加上韓國電影這幾年也頗受國人青睞，而韓國電影擅長改編歷史或社會事件，多部電影上映後皆在臺韓兩地引發關注，並且都在潛移默化中教育民眾應當珍惜得來不易的民主與人權。因此，我們想透過本書的出版，將韓國近代民主化前的歷史記憶，以相關地點及電影介紹，讓讀者可以從不同角度認識韓國，也希望能提供給青年學子及學校，在走訪韓國時，其實可以試著安排這些鮮為出現在觀光手冊上的景點，能夠更客觀、更同理心地理解並欣賞韓國的文化與民族性。所以希望這一本《黎明前的半島記憶：韓國人權與民主紀行》除了透過朱哥及乃瑋兩位韓國專家的述說，成為一本韓國歷史的入門書外，也希望我的觀察能提供讀者觀光或教育旅行安排時的另類工具書。

若把民主自由視為溫暖且明亮的陽光，那黎明前的黑夜雖然有可能充滿恐懼與悲傷，但它卻是真實的存在，唯有具備面對的知識和勇氣，才可免於悲劇重演。韓國可說是一面臺灣的鏡子，在臺灣人權教育中我們也常常拿韓國來比對，讓學生瞭解當時的國際情勢與時局。

所以有些不忍卒睹或是黑暗的事件，臺灣也曾發生過，甚至連發生時間都相近。本文在撰寫時，適逢「美麗島事件」四十週年，無論政治傾向為何，都應該客觀地加以認識我們自己土地發生的人、事、物，並將真實的歷史與真相傳承給下一代，韓國人如果像本書書名一樣應該具有半島記憶，臺灣人也應該具有臺灣記憶的歷史感。

「歷史不該遺忘，經驗應該記取」，與各位共勉之。

二〇一九年十二月十日

第一章　首爾歷史地標

吳武壯公祠

要連結清朝、中華民國南京政府、中華民國在臺灣，乃至於臺灣的歷史脈絡，韓國有一個很少人知道的地方一定要去參觀一下。

首爾ＳＫＹ名校之一的延世大學後面山坡的地名叫「延禧洞」，韓國人都知道這裡是個高級別墅住宅區，其中一棟城堡式的豪宅，住著「光州屠夫」全斗煥一家人，平常大門深鎖，四周便衣警衛戒備森嚴，任何想要靠近的人都會被盤查，絕對不准接近。

距離全斗煥豪宅不過兩條街口，就是「漢城華僑中學」，坐落在大馬路邊。旅韓華僑都知道這個地方，因為他們的孩子從首爾鬧區明洞的華僑小學畢業後，都會送到這裡繼續念國高中。

全斗煥在延禧洞城堡式的豪宅

從華僑中學大門進去後，是一片寬闊的砂石運動場，正前方就是一排三層樓的教室與行政大樓。大樓最右邊有個石階，拾級十幾階而上就會發現一個拱門。這裡平常大門深鎖，並不對外開放。只有得到校方允許，才能開鎖讓人進去參觀，這裡就是「吳武壯公祠」。

韓國近代史學者大多知道清朝的水師提督（海軍總司令）吳長慶，也有些人知道原本在漢城東大門有一座「吳武壯公祠」，武壯公是清廷後來追諡給吳長慶的堂號。但是韓國歷史學者們幾乎都不知道「吳武壯公祠」後來搬到了華僑中學裡面。

吳武壯公祠門內及多位中華民國總統所題匾額

一八八二年朝鮮發生「壬午軍亂」（舊軍叛變），朝鮮國王高宗請求清廷派兵平亂，當時駐守在山東的水師提督吳長慶，就被李鴻章指派，率部下袁世凱等部隊進入漢城平亂。吳長慶是袁世凱伯父的結拜兄弟，於是把袁世凱託給吳長慶照顧。袁世凱雖為中階軍官，但是治軍嚴謹，整飭軍紀頗有績效，深為儒將吳長慶賞識，於是屢屢被破格提拔。

朝鮮軍亂平息後，吳長慶返國一年就病逝於遼東，清廷追謚「武壯公」。朝鮮高宗明令為吳長慶建立祠堂於東大門，並命文武官員每年擇日祭拜。一九七七年漢城市為了都市更新擬拆除吳公祠，經華僑各界集資於一九七九年遷建到西大門區延禧洞韓城華僑中學校園內，並定期舉行祭祀儀式。

吳武壯公祠除了吳長慶的靈位，祠堂外也懸掛著中華民國元年第一任大總統袁世凱、其後南京國民政府的蔣介石總統，以迄在臺灣直接民選的李登輝總統三人所賜贈的匾額。吳武壯公祠一個小小的祠堂，可以追溯清末民初、南京國民政府，以迄於臺灣的歷史脈絡，可說是一個「中華民國」模塑的縮影，百餘年的滄海桑田讓人不勝噓唏。

袁世凱後來得到李鴻章賞識，接替陳樹棠擔駐朝鮮第二任商務大臣，儼然是清朝駐朝鮮的總督，在當地作威作福，甚至將高宗的父親興宣大院君綁架到中國天津軟禁三年，以至於朝鮮人對袁世凱的評價極為負面。韓國人甚至批判袁世凱是把朝鮮人蔘走私到中國牟利的大戶，對朝鮮極盡壓榨與掠奪的人。

袁世凱在朝鮮納朝鮮王族安東金氏的婢女為二妾，後來更將安東金氏的族女納為三妾生下袁克文，袁克文與外室花元春生下物理學家袁家騮，袁家騮的妻子即是被譽為「中國居禮夫人」的吳健雄。有關袁世凱一生功過的評價，海峽兩岸的研究論著不計其數，有興趣的讀者，可以自行找來閱讀，在此就不浪費篇幅贅述了。

儘管如此，吳武壯公祠可以牽引出清朝、朝鮮、中國、臺灣四地的錯綜複雜的關係，既親密又疏離、既愛又恨，同時映現了大東亞一百多年來國際關係的恩怨情仇與悲歡離合。讓我們就從這裡踏出韓國歷史地標巡禮的步伐吧！

【歷史小教室】清朝與朝鮮是宗主國與藩屬的關係，清日甲午戰爭的結果是？

京橋莊：大韓民國歷史的開端

同樣是在西大門區離華僑中學不遠，位在「江北三星病院」院區內的西式洋房古蹟，是上海臨時政府主席金九先生返韓後的故居：京橋莊。金九先生與南京國民政府蔣介石委員長交情深厚，南京政府對大韓民國上海臨時政府提供了許多支援，包括實質的財政支持成立了「光復軍」。

金九於一九四五年十一月二十三日率領臨時政府要員從上海返國後，就入住京橋莊，並以這裡做為臨時政府舉行國務會議的場所。一九四九年六月二十六日金九在故居二樓會客室遭李承晚派遣的刺客、駐韓美軍防諜隊幹部、韓國陸軍少尉安斗

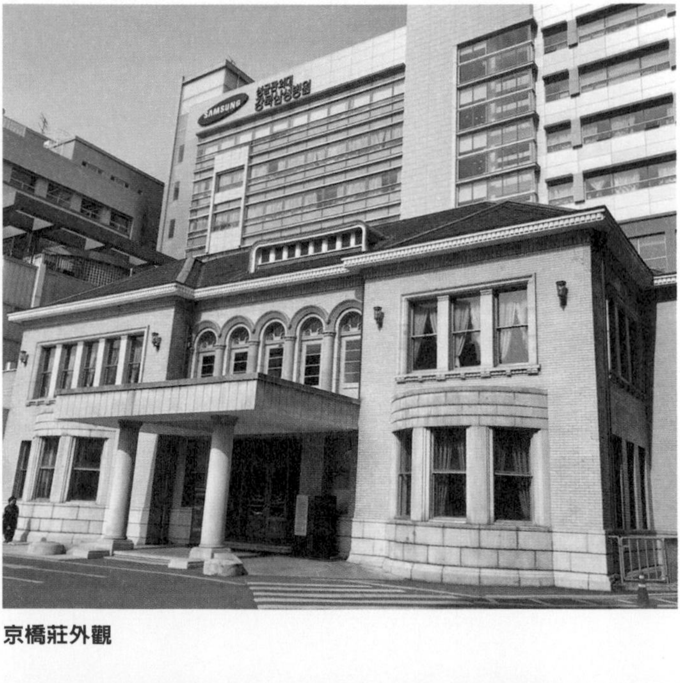

京橋莊外觀

熙槍殺弒害。中華民國首任駐韓大使邵毓麟上任後，就以故友的故居作為大使官邸住了半年。

金九的次子金信，據傳為蔣介石的乾兒子，畢業於中華民國空軍官校，光復後返韓創設韓國空軍官校，空軍總司令退役後，被派駐臺灣擔任大使十年。二〇一六年，金信以「金九基金會」名義捐贈臺灣大學二百萬美元，是臺大歷來最大筆的國外捐款。

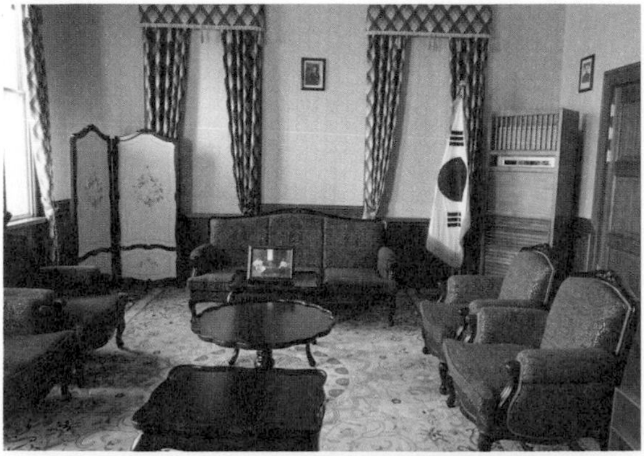
京橋莊一樓客廳，牆上掛滿了與民初國民黨黨政要人的合照

京橋莊二樓會客室

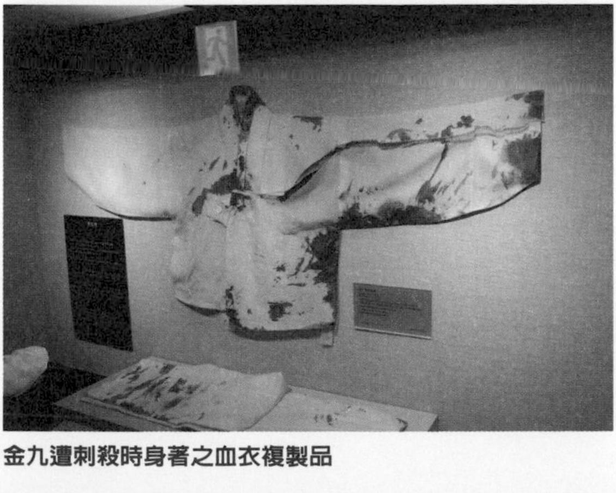
金九遭刺殺時身著之血衣複製品

「京橋莊」在二〇〇一年被首爾市政府指定為「有形文化財」，二〇〇五年升格為「國家史蹟」。可以追溯國民政府來臺前後兩國關係的歷史脈絡。在京橋莊一樓會客室的四周壁上，掛滿了金九與當時國民黨黨政要人的合影照片，包括宋子文、陳果夫、孫科等人也在留影處親自簽名，顯示金九與他們的關係匪淺。

原本國民政府希望能夠培植聲望更高又親華的金九出任大韓民國首任總統，但是由美國威爾遜前總統扶持的李承晚勝出。金九做為「民族主義者」，為了反對南北韓分裂、各自單獨選舉與各自成立政府，奔走於南北韓，最後不幸壯志未酬身先死。韓國人民尊敬他為國父者，更甚於獨裁十二年後來被學生革命推翻的李承晚。

金九領導的「大韓民國臨時政府」，一路跟著國民政府播遷從上海而重慶，「大韓民國臨時政府」的正統性，也因而被載入大韓民國憲法的前言。金九的臨時政府要員與國民政府交情深厚，他們互相往來手札與書信真跡，現

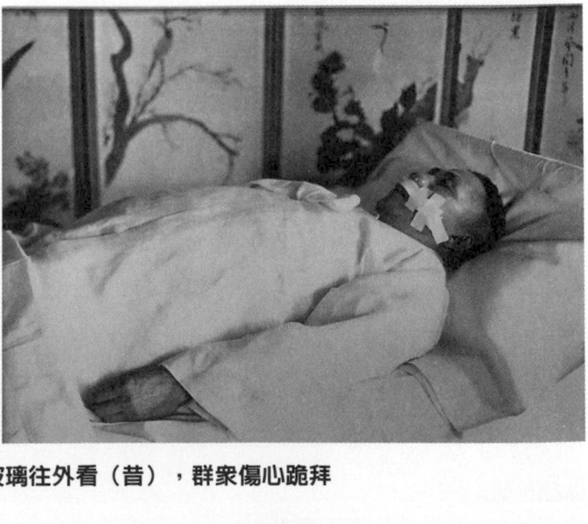

金九遭刺照片、從留有彈孔的玻璃往外看（昔），群眾傷心跪拜

都保存在國民黨「黨史會」（現張榮發基金會七樓）以及「國史館」，是研究中華民國與大韓民國在現代史上密切關係的重要文獻寶庫。

金九辭世一個月後，中華民國首任駐韓大使邵毓麟以此地做為大使官邸，他希望住在故友的宅邸，金九可以入夢跟他對話（見邵毓麟著：《使韓回憶錄》），但是事與願違。邵毓麟住了半年就因韓戰爆發而遷出，一九五六年「京橋莊」成為越南駐韓大使館。一九六七年被「高麗醫院」（即現在的江北三星病院）購入當做醫院使用。到了一九九〇年代，南韓各界人士與輿論都認為這棟歷史古蹟，應該恢復它的原貌讓開放後人參觀。於是首爾市政府與三星集團多方交涉後達成協議，二〇一二年醫療設備全部遷出進行復原工程，在二〇一三年三月二日正式開館。

坐落在「江北三星病院」一個角落的京橋莊，見證了戰前南京政府與大韓民國上海臨時政府的密切關係，以及一九四九年兩國第一個互相外交承認的國家，此後外交關係持續到一九九二年，是與臺灣的中華民國維繫外交最久的世界主要國家。

【歷史小教室】在中國的「韓國獨立運動」以及「大韓民國上海臨時政府」，也跟國共內戰一樣分裂為左右兩派，請問後來左右兩派各自如何發展？

韓戰與中共戰俘

在二次大戰之後爆發的韓戰，是冷戰時代的第一場大規模國際戰爭。雖然是北韓金日成發動的同族相殘的悲劇，但是，這確實是一場強權的「代理戰爭」。這場打了三年的戰爭（一九五〇年六月二十五日—一九五三年七月二十七日），美、中、蘇三大強權沒有一方是贏家，而且把南北韓雙方的國土打成了一片廢墟。朝鮮半島繼清日甲午戰爭之後，再次淪為強權國家的戰場。而兩次在朝鮮半島的動亂，都讓臺灣受到影響，東北亞的任何風吹草動，臺灣實在不能掉以輕心。

一九五〇年韓戰爆發的五個月前，在一月五日美國總統杜魯門正式宣布，美國對中國內戰採取「不干涉政策」，不會再向臺灣提供軍事援助和軍事顧問。同日，堅持認為「臺灣從來不具有非常重要戰略意義」的國務卿艾契遜強調，「任何進一步增加軍事援助和軍事顧問的方式，都是不必要的。」

貪腐的南京國民政府，把美國的對華援助中飽孔宋家族私囊，讓美國對蔣政權痛惡至極，杜魯門總統甚至大罵：「他們一家都是賊！」所謂的「艾契遜線」把臺灣畫在美國西太平洋防線之外，等於是放棄了臺灣。由此可知，臺灣當時可以說是國際上的孤兒，只能孤軍奮戰。

韓戰爆發後，遠東局勢驟變，美國的遠東戰略也隨之轉變。六月二十七日，美國總統杜魯門表示，「共產黨部隊可能占領臺灣，將直接威脅太平洋地區。」決定派遣第七艦隊協防臺灣海峽。聯合國軍隊為防止共產勢力擴張，出兵協助南韓，中國領導人毛澤東憂心美國侵犯中國領土，加上當時有太多國軍被共軍俘虜，毛澤東正苦惱著該如何處置這些國軍，韓戰爆發後，就把被俘虜國軍推上北韓前線，組成抗美援朝「中國人民志願軍」，於一九五〇年十月出兵協助北韓。

韓戰的爆發，使臺灣原來不在美國防禦圈內的政策大改變，兩天後，杜魯門總統下令第七艦隊協防臺灣海峽，使得臺灣免於被中共赤化，而成為韓戰最大的受惠者。

一九五〇年六月三十日清晨，蔣介石政府宣布，要以陸軍三個師三萬三千人，運輸機二十架援助韓國。但旋即遭到美方的拒絕。美國政府認為中華民國派兵參戰，可能

中共戰俘改穿中華民國國軍嶄新制服，搭乘美軍軍用巴士，踏上「奔向自由」之路
(photo: Jerry Rosenstein)

會越過鴨綠江反攻大陸，會因此促使中共派兵參戰，而致引發國際戰爭。美國此一立場，則是受到英國對中共的姑息政策所影響。

雖然臺灣無法直接派兵參戰，但是海峽兩岸延續國共內戰未完的仇隙，繼續利用韓戰的機會在朝鮮半島較勁。特別是對中共俘虜的策反，國民黨政府可說動員了全力，要打贏這一場鬥爭，在國際宣傳上達到羞辱中共的目的。臺灣向聯合國軍提供了他們迫切需要的翻譯、中文教師、記者等文職人員。

當時的戰俘，有北韓軍與中共軍，有的是被迫投降，有的是假投降，以及主動要投奔自由的，聯軍依日內瓦公約人道處置這些俘虜。中國國民黨與中國共產黨在聯軍戰俘營裡，展開前所未見的一場搶奪戰俘的激烈廝殺與爭鬥。雙方文鬥與武鬥並用，把國共在大陸的內戰戰場延伸到朝鮮半島。

戰俘或稱俘虜，與人質的性質不同，是指在戰爭各方中，敵對方被另外一方活捉，但並未處死的。根據一九四九年《日內瓦公約》規定，各國不得虐待戰俘，但極少國家能遵守這一規定，有時為了從戰俘口中得到最新的戰況或敵營的情報，會對戰俘施以酷刑，甚至為減少糧食的消耗而殺害戰俘。通常只有戰場上才會出現戰俘一詞，在後方抓到的通稱為間諜或特務，要依法律執行處罰。

當時被聯軍俘虜及陣前投降的中共軍有二萬一千多人，主要被關押在巨濟島、濟州島等地。一九五一年七月停戰談判開始，中共表示按照日內瓦公約一一八條「實際戰事停止後，戰俘應即予釋放並遣返，不得遲延」。因為毛澤東已得知國民黨派了不少情報人員潛入各俘虜營，策反共軍俘虜去臺灣，他於是命令談判代表：「一個也不能放（必須全數遣返中國）！」這句冷酷的話，使韓戰多打了一年半，中國多死了十幾萬人。

當時，透過翻譯員得知，有不少戰俘想要脫離共產世界、投奔自由，臺灣外交部長葉公超隨即對外表示，「中華民國政府對凡自願來臺參加反共抗俄工作，並經盟軍考察屬實的戰俘，均可接收來臺。」然後運用傳播媒體，造成國際輿論，使聯合國不得不提出堅持人道立場、志願遣俘的原則。

而中國的戰俘可以分成三種，第一種曾是國軍，後編入中共解放軍，第二種是原不是軍人，被迫參軍，第三種是從頭到尾都是純共軍。這些戰俘先被拘留在釜山，經聯軍各單位初步審問，移送到巨濟島各俘虜營，後來又移到濟州島南端的摹瑟浦。

由於換俘問題算是自由世界與共產世界的政治作戰，結果將成為未來世界大戰成敗的關鍵，如果聯軍讓步接受強迫遣俘，就是對全世界食言，一旦大戰再度爆發，可能沒有人會投降於聯軍。反之，如果共軍退讓，接受志願遣俘的話，也會貶抑共產黨的聲勢。因此戰俘問題成為停戰談判爭論最激烈、拖延時間最長的一個問題。

然而，在戰俘營中有所謂的文鬥和武鬥，這些都是由共軍發起的。文鬥指的是，用語言、態度、行為等方式宣傳共產主義，武鬥則是以毆打、殺人，隨便處理屍體，例如分屍，戰俘們會在出勤時一人帶一塊在營區外丟棄。而這些文鬥、武鬥的目的在於占領俘虜營，經過一段時間後就各自分為共產黨的營舍和國民黨的營地。聯軍每次點名都會「少幾個人」，聯軍根本不管也無法管，完全讓戰俘營內「自治」。

最後中共同意「自由遣俘」，但需要經過調查與說服程序。共軍表面上答應這個協議，但對志願俘虜的執行則採取完全有利於中國的安排（營地的所在地就是中朝共黨的大軍前線），要求將所有俘虜移送到北緯三十八度線，由所謂的中立國委員會，由當時比較偏袒中國的印度軍管理。

國府派去的翻譯官發現，中共志願軍戰俘中十之八九，是在國共內戰被俘的前國軍，經過洗腦教育與整編後才正式成為人民軍。這一類戰俘中有不少人不願意在停戰後回到中國共產黨統治下的中國，於是共有一萬四千三百二十一人選擇前往臺灣，約占總數三分之二。其他選擇回中國的志願軍戰俘，回去後被當做「叛徒」、「特務」，大多受到政治審查、被開除黨籍或拒絕其入黨，並在一次次整肅運動中歷盡苦難折磨，甚至遭到處決。

停戰談判開始之後，蔣介石政府把接回戰俘的任務交給當時擔任國防會議副祕書長的蔣經國，他派了他在黨與軍內的親信陳建中與王昇將軍到韓國，負責接回被聯軍俘虜的一萬四千多名「反共義士」。王昇率領了一百多名官兵，分別進駐不同俘虜營區。陳建中原本是共產黨員，後來變節投靠國民黨。一九四九年陳建中轉往臺灣，初任總統府機要室資料組副主任，當蔣經國的副手，後任國民黨中央黨部第六組副主任，主管對中國「心戰和策反」活動，綜攬情治業務，主管潛伏中國的國民黨組織及特務活動。一九五二年任黨中央第六組主任。中共媒體對他的記述是：「一九五三年在朝鮮劫持中國人民志願軍大批戰俘去臺灣，就是陳建中的『傑作』。」

巨濟島戰俘營原址，已規劃為紀念公園，並豎立紀念碑

巨濟島戰俘營遺跡

韓戰期間一萬四千名反共戰俘的爭取，當時被認為是臺灣政府對中共鬥爭的一大勝利。陳建中當時就以駐韓大使館「副武官」名義為掩護，並化名「陳志清」，但是共軍不久也得到情報而宣傳說：「國民黨派了特務陳建中赴韓勾結李承晚，策劃強迫扣留中朝戰俘。」陳建中抵達韓國後，先在因戰事遷移到釜山的中華民國駐韓大使館成立指導小組。當時的駐韓大使王東原是陳建中的老師，師徒一起為戰俘的遣返進行了許多工作。

大使館透過翻譯員，經常給予戰俘報章雜誌、歌曲、唱片、收音機、印製各種宣傳自由的宣傳品。中共也有派戲劇人員去表演，同樣也是一種「寓教於樂」的方法，但我們說他們是在進行洗腦，他們說我們是在干擾思想，其實都是一樣的行為，就是想拉攏更多的戰俘回自己的國家。

同時也指示各個戰俘營幾個重點目標，肅清潛伏匪諜、強調堅決回臺灣、與韓籍反共義士團結一致、爭取印度守衛兵的好感。蔣介石也在臺灣發表公告，號召反共義士起義歸順、投奔自由安身立命、永脫苦海。

反共義士聽說蔣介石的這個舉動後，都非常感動，發起刺字運動，在手臂和胸前刺上「反共抗俄」、「誓滅共匪」等字樣以表決心。當時也有個眾所皆知的口號：「一顆心回臺灣，一條命滅共匪」，戰俘們也在營中排演話劇，話劇的內容在在的暴露出共軍在大陸的惡行。另外，每逢重大節慶，如雙十國慶、蔣介石誕辰、元旦等，都大肆慶祝。

當時戰俘營都由中立國印度士兵管理，如果一個戰俘營被親國民黨的勢力所掌控，營區就會升起中華民國的國旗，以表明俘虜的心志，他們稱之為「光復」。而這面國旗是戰俘們用自己的鮮血，一滴一滴的染紅的。戰俘營裡的反共義士高喊，「一顆心回臺灣，一條命殺共匪」。這些血書、血旗千餘份，現均存於國防部史政局及國民黨中央黨部陳列展覽。

中華民國政府為歡迎這批「反共義士」來歸，經過多次集會商討，向聯軍統帥呼籲，務須如期終止監管。一九五四年一月四日，聯合國軍統帥赫爾將軍，為「表明人道與正義立場」聲明，要求負責戰俘事宜的印度代表齊瑪雅必須於一月十二日午夜將全體反共戰俘，無條件釋放。一月二十三日清晨起，這一萬四千三百二十一名中國反共戰俘，以及七千六百五十名北韓反共戰俘得到釋放。

前往臺灣的反共戰俘分成三批，於一九五四年一月二十三日，由基隆上岸抵臺，接受全臺灣民眾的熱烈歡迎，被稱為「韓戰義士」。他們在臺北市區遊行，市民張燈結綵，表示慶祝。全臺灣各大城市自由鐘，都敲響二十三下。這些反共戰俘來到臺灣之後，大部分都被編入中華民國國軍、並參加了諸如八二三炮戰等戰役，最後大多終老眷村及榮民機構。

同樣心情激動的還有蔣介石。一月二十三日，接到戰俘乘軍機平安抵臺的報告後，這位敗退臺北後，飽受失眠症困擾的六十七歲老人安睡了九小時。第二天，他在日記中寫道：「實為今年來最安眠之一夜也。」在日記中，蔣介石把此事稱為「五年以來精神上對俄鬥爭之重大勝利。」在一九五〇年十二月三十一日的日記中，蔣介石寫道：「天賜韓戰，最應感謝上帝，……使美國仗義抗共，不放棄遠東，以轉移整個局勢也……。」

中華民國政府特設「一二三自由日」，以紀念這個「從中共手中解救大陸同胞」的事件。其後並在泰國曼谷舉行的「第一屆世界反共聯盟大會」中通過，並通電全世界同為反共陣營的國家，籲請一致回應，這即是一二三自由日的由來。

來臺的「韓戰義士」中，曾經正式加入為共產黨員者，共達六千餘人之多，分批集體宣誓脫離共黨。約九千餘人於四月下旬，分發至陸海空軍，照原階級安置服役。剩下的四千餘校尉級軍官，則組成「反共義士戰鬥團」。臺灣政府為了收容這些反共義士，在林口成立「義士村」與「反共義士輔導處」，由王昇負責對反共義士的輔導。他們入住安置的是林口、大湖、下湖、楊梅等四個剛剛蓋好的營區。

反共義士輔導處，第一個步驟是「自新運動」，第二個步驟是「自首運動」，第三個步驟是「檢舉運動」，為了肅清反共義士中潛伏的匪諜，可說使盡了全力。一九七五年為擴大安置退役年邁反共義士，反共義士輔導中心遷建於臺北縣三峽。為順應時代的需求，加強對年長退伍軍人照顧，一九九四年九月一日將反共義士輔導中心與土城大陸榮胞輔導中心合併，改名為「臺北榮譽國民之家」。本部位於三峽的「忠義山莊」，土城為分部，占地共計三十八公頃。

這些「義士」在臺灣度過了自己的大半輩子，回臺被打散繼續於軍中服役，退伍後也被視為「榮民」。很多人感慨「為何沒有選擇當百姓的權利，很不服氣」，部隊政戰人員還暗中監視考核，「我們哪裡光榮？政府其實沒有好好給個交代。」一直到一九八七年解嚴，同年十月十五日行政院通過大陸探親辦法後，他們才得以回到自己的故鄉探望親人，而這一段老兵返鄉的歷史，若真要詳細談來，可真又是另一長篇揪心的章節了。

摹瑟浦歸順臺灣的俘虜

摹瑟浦戰俘營遺跡

「南營洞」與「六月抗爭」

二〇一七年的下半年，一部韓國電影「我只是個計程車司機」狂掃了臺灣的電影票房，幾乎年輕學生都在談論這部電影，儘管大部分的年輕世代並不了解發生在一九八〇年的「光州事件」，但是這部電影的賣座，勾起了臺灣學生對光州事件的好奇與研究。

接著，二〇一八年一月，另一部韓國電影「一九八七：黎明到來的那一天」，再度震撼了臺灣年輕人。一九八〇年代中半以後，韓國大學生的民主抗爭原本是那麼平和，但是相對地，獨裁政權情治當局的爪牙鎮壓學運分子的手段，竟然如此殘暴，從電影一開始大學生朴鍾哲被水刑求致死，到影片結束前另一名大學生李韓烈被催淚彈打死。這兩部賣座的電影，引起了臺灣學子對「轉型正義」議題的興趣與關注。

現在帶大家來走一趟一九八〇年代惡名昭彰、也讓人聞風喪膽的「南營洞對共分室」，一九八七年一月十四日首爾大學生朴鍾哲就是在這棟樓裡的五〇九號審訊室被水刑求致死的。這棟一九七六年完工的「刑求大樓」，建築設計師就是南韓建築界鼎鼎大名的金壽根，被譽為「改寫南韓建築史的大師」，他最有名的作品就是一九八六年與一九八八年漢城亞運會與奧運會的主競技場、可收容十萬觀眾的「蠶室運動場」，為漢城留下了地標性的建築，就如同設計「臺北一〇一」大樓的李祖原建築師，各在韓、臺享有盛名。這棟南韓情治單位合建的偵訊大樓，對外掛出的招牌是「海洋問題研究所」，以遮人耳目。

金壽根應獨裁政權的情治當局邀請設計這棟建築物的時候，就知道這是為了偵訊刑求北韓間諜而蓋的，所以他在大樓五樓設計的獨房偵訊室，每個房間的窗戶寬度都不超過三十公分，而且是前後兩層玻璃窗，讓嫌犯根本不可能逃脫。而且，嫌犯被帶進來的時候，並不從正門進出，而是走大樓後面的一個小門，進門後是走旋轉樓梯上樓，一直拾級上樓，根本不知道走到的是第幾層樓，五樓到了之後就直接關進獨房的偵訊室。

儘管名為「對共分室」，但是北韓滲透進南韓的間諜，並不是天天都可以抓得到，兩三年能夠抓到一人就很不容易了。於是南營洞對共分室就改為審訊反政府的學運分子或社運人士所用。南營洞從一九八〇年代初期就開始「出名」，它幾乎成為刑求逼供異議人士的代名詞，學運分子人人聞風喪膽。

可惜的是，金壽根在朴鍾哲死亡的前一年就先行告別人世了，否則不知道他若知道自己設計的建築成為殺人凶器的話，不知道會做何感想？也許是心虛，也許是良心不安？金壽根的後人在韓文版的「維基百科」羅列的他的建築作品中，已經刪除了南營洞這棟骯髒的建築，這位做為獨裁政權的「鷹犬建築師」，也不再受到後輩建築師的敬仰了。

一九九八年金大中執政完全落實民主化之後，惡名昭彰的南營洞對共分室，被改名為

「南營洞警察廳人權中心」，保存了當初偵訊室的原貌，要讓一般民眾認知警察是「重視人權」的。但是很讓人惋惜的是，換了招牌的這棟大樓，就一直被閒置著，警察廳只是拿來當「遮羞布」而已。直到二〇一八年十二月，韓國政府的行政自治部把它移交給「韓國民主化運動紀念事業會」（ＫＤＦ）管理，並立即改名為「韓國民主人權紀念館」。

紀念館保留的偵訊室，以刑求朴鍾哲的五〇九號室，以及一九八五年刑求更大咖學運分子金槿泰的五一五號室，最受憑弔訪客的矚目。金槿泰被刑求高手李根安荼毒二十二天，金槿泰後來寫成自傳而且在二〇一二年拍成電影「南營洞一九八五」，他遭到的酷刑包括水刑求、灌辣椒水刑求、電擊刑求等集刑求之大成，殘忍至極，讓觀眾幾乎都看不下去。

金槿泰被刑求的五一五號室，就在朴鍾哲五〇九號室的隔壁再隔壁，目前是由金槿泰基金會在管理運作。由美術系畢業的金槿泰女兒金炳敏負責規畫設計，把原本殘酷

2018 年 12 月改名為「民主人權紀念館」的揭牌儀式

南營洞民主人權紀念館外觀

血腥的審訊室改裝成充滿書卷氣的書房，陳列了金槿泰的詩集、小說與其他作品。也可以聽到金槿泰的演講錄音與影片。

五一五號室不像五〇九號室那麼陰森肅穆，也沒有人長期獻花致悼，兩位民主鬥士受難的經驗也截然不同，但是國家暴力加諸於人民的痛苦與悲鳴，卻在紀念館五樓的走廊上空迴蕩不去。

紀念館的四樓，有兩個大空間做為朴鍾哲紀念館，常設展出朴鍾哲被水刑求致死事件的過程，也收藏了他生前的日記、藏書、生活用品，乃至於吉他等。參觀過的人，無不對獨裁政權泯滅人性的暴行咬牙切齒。一位國立首爾大學語言學系三年級的優秀學生，進入南營洞當天就被水刑求窒息而死，而刑求他的原因竟然只為了逼問出他逃亡學長的下落。原本想要吃案，並隱匿真相、找人冒名頂替的情治當局，在真相被「天主教正義具現司祭團」揭發後，再也無法欺瞞國民，於是引爆了一場空前的大暴動。

朴鍾哲紀念館收藏及展示他生前的日記、藏書、生活用品，乃至於吉他等

位於民主人權紀念館四樓的朴鍾哲紀念館

朴鍾哲的死亡，確實可以用「重如泰山」來形容，因為他的犧牲掀起了全體韓國人的憤怒（這很像二〇一三年七月臺灣的軍中人權蹂躪事件導致洪仲丘死亡一樣），而在一九八七年六月爆發了與前一年菲律賓「人民力量」（People Power）一樣的六月全民抗爭，全斗煥獨裁政權瀕臨被推翻的境地，最後迫使執政當局向民意投降，由執政黨總統候選人盧泰愚宣布「六二九民主化宣言」，完全接納了街頭民意的訴求，而開啟了民主化的新時代。

走出「民主人權紀念館」之後，大家的心情不免都會很沉重。但是我們不妨想一想，今天我們享受自由、民主與人權保障的生活，就像空氣與水一樣自然，唾手可得，不需要自己到街頭衝鋒陷陣，流血流汗才爭取得到，但是我們絕對不能忘記，自由、民主與人權絕不是憑空掉下來的，那是多少先人流血流汗犧牲生命所換來的。

朝鮮抗日獨立運動人士丹齋．申采浩先生說過一句名言：「遺忘歷史的民族，沒有未來！」一九八七年迄今不過是三十多年前的歷史，撫今追昔，我們真的不能遺忘歷史啊！更不要說臺灣是全球華人社會唯一一塊自由民主的樂土，我們怎能不珍惜這得來不易的自由民主的生活呢？

一九八七年的「六月抗爭」是由朴鍾哲被水刑求致死所引爆，不過，火上加油的是後來爆發的「權仁淑性刑求事件」與李韓烈被催淚彈打成腦死後致死事件。一九八七年六月九日李韓烈在示威時後腦中彈，被同學抱起的照片透過媒體的傳播，激怒了全韓國人民，加速催化了六月抗爭。

「權仁淑性刑求事件」發生於一九八六年，但是一年後才被媒體揭發。首爾大學衣類學系權仁淑，因為主導學生運動被退學，於是她借用別人的身分證到仁川工業區「偽裝就業」，但是半個月後就被逮捕，羈押在富川警察署接受偵訊調查。偵訊期間，調來惡警文貴童對她施加「性刑求」，被五花大綁的權仁淑遭到兩小時一次的性侵。

權仁淑把遭到刑警性刑求的事實告訴探監的基督教牧師，牧師再轉告律師團體，律師們經過討論後，決定挺身而出替權仁淑義務辯護。參與辯護的律師包括趙英來、朴元淳（現任首爾市長）等人。於是，朴鍾哲水刑求致死案、權仁淑性刑求案，再加上李韓烈被催淚彈打成腦死致命案，成為點燃一九八七年六月抗爭的熊熊烈焰。

性刑求權仁淑的惡警文貴童遭到逮捕並判處有期徒刑五年。而權仁淑出獄後赴美國留學，則持續致力於「女性學」的教育，並成為女權、勞權領域的專家，曾為明知大學的教授。二〇一八年權仁淑教授被文在寅任命擔任「女性政策研究院」院長，以及法務部「性騷擾防治委員會」

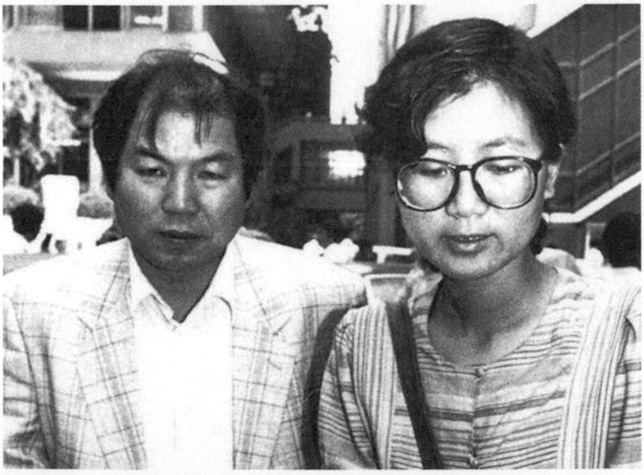

由韓國人權律師趙英來（左）陪伴出庭的權仁淑（右）。2018 年權仁淑教授被文在寅任命擔任「女性政策研究院」院長，以及法務部「性騷擾防治委員會」委員長

委員長，深受社會矚目。

惡名昭彰的「南營洞對共分室」，儘管在民主化之後改名為「警察廳人權中心」，二〇一八年十二月再改名「民主人權紀念館」，但是留在這棟建築的斑斑血跡，仍無法被洗滌乾淨。韓國社運團體「真實的力量」要調查有多少人在此被刑求過，要求警察廳交出一九七六年—二〇〇五年的檔案，但警察廳以保存時限已過全都銷毀了。但是據調查一共有三百九十一人在南營洞被刑求過，他們也都留下了證言。

二〇一八年南韓檢察總長文武一終於在三月二十日前往釜山向臥病的朴鍾哲父親，代表檢察機關與政府向其家屬正式致歉。而朴鍾哲的父親朴正基在獲得遲來的道歉後，似乎放下了心中的一塊石頭，於同年七月二十八日病逝。

首爾大學生朴鍾哲被水刑求致死的509 號審訊室

當時被逮捕的嫌犯，皆會從後門被帶入並沿著旋轉鐵梯上樓，讓其頭昏腦脹，分不清地點與樓層

「六月民主抗爭震源地」聖公會教堂

一九八七年六月十日，這一天被稱為「韓國民主化紀元日」。

執政的民主正義黨在東大門外的「獎忠體育館」召開全黨代表大會，投票通過盧泰愚的總統候選人提名案；反對勢力組織的「爭取民主憲法泛國民運動本部」則在全國各地召開「聲討刑求致死事件大會」與「反對四一三護憲宣言群眾大會」。參與的社運團體負責人以聖公會首爾大主教座堂為集結地，再出發上街示威。

四百多名大學生與市民占領明洞天主教堂，連續示威六天。前一天（六月九日）下午，延世大學學生李韓烈在校門口的示威中，遭鎮暴警察的催淚彈擊中後腦，腦死昏迷不醒四週後，於七月五日宣告不治。

從一九八七上半年來的主要重大事件來看，一月中旬朴

聖公會教堂前「六月民主抗爭震源地」紀念碑

聖公會教堂外觀

鍾哲遭到水刑求致死事件，是六月學生暴動的根源，而全斗煥的「四一三護憲宣言」則是執政當局與反對黨、反政府勢力加深仇隙與擴大摩擦的主因。執政當局一意孤行，強行以既定政治日程轉移政權給盧泰愚的提名大會，則是這次全國大規模暴動的導火線；南韓民眾大舉加入學生與反對黨的示威活動，是長期生活在全斗煥暴政的侵害下，在反催淚彈公害意識普遍覺醒之後，對執政當局的強烈反撲。

六月抗爭的每一個週末，全國各大都市的市中心都聚滿了群眾示威抗爭。跟過去大學生主導的示威不同，六月抗爭連白領階級與中產階級都走上街頭，他們原本是保守的既得利益者，連這個族群都挺身抗爭，全斗煥這個軍事獨裁的暴政，很明顯已經成為全民的公敵。

在六月十日全國性的群眾聲討大會中，各大都市的市民在下午六時正，所有有喇叭的車輛，包括計程車、公共汽車、摩托車，乃至火車等，都按喇叭長鳴三十分鐘，表達他們對軍事獨裁政權的強烈不滿，漢城市中心的聖公會教堂也鳴鐘三十分鐘不斷，成為全國的指揮中心，它也因此被稱為「六月民主抗爭震源地」。

六月十日爆發的全國示威活動，可說是南韓反對勢力與大學生對當局的聲討與清算活動。南韓各地的示威中，「撤回護憲」與「打倒獨裁」的口號，已成為群眾的共同語言。

六月二十六日，又爆發一場大規模的全國性抗爭，全斗煥政權已瀕臨被推翻的局面了。三天後，盧泰愚以執政黨總統候選人身分發表「六二九民主化宣言」，向民意全面投降，同意修憲為總統直選、國會改革、保障新聞自由等，這項爆炸性的宣言，挽救了全斗煥這個不得民心的政權，證明了民意的勝利。每週街頭瀰漫催淚瓦斯的抗爭也就戛然而止。社會秩序恢復平靜，大學生則從街頭回到圖書館讀書。

一九八七年十月二十九日制定的新憲法，恢復總統直接選舉制，總統任期改為五年不得連任，取消總統解散國會的權力，經過公民投票複決後正式生效。盧泰愚賭徒式的豪賭，為他在當年十二月的大選預購了勝券，以三十六・六％的得票率贏得了選舉。南韓人民以六月抗爭展現的強大力量，為自己爭取到民主。

【歷史小教室】南韓的「六月抗爭」與臺灣的「解除戒嚴」同樣發生在一九八七年，雖然兩國政治與社會狀況不同，但背景卻頗為相似。請分析兩國異同之處。

李韓烈紀念館

被鎮暴警察打成腦死，四週後宣告不治的李韓烈，被同學抱住昏迷軀體的照片，成為催化六月抗爭日益激化的觸媒。當年七月九日，延世大學學生會為他舉行了大規模的「國民葬」。從校園內移靈，到校門口已經聚集了四十多萬弔喪的學生與市民。

引領靈柩前進的是首爾大學李愛珠教授，她以壯烈的肢體動作跳著「鎮魂舞」，讓李韓烈的靈魂能夠安息。李愛珠從此被封為「民眾舞蹈家」。當時，許多民眾與記者都擠上延世大學校門口對面的高架鐵路上，如此才能綜觀告別式的全景，連火車經過時也刻意暫時停駛，讓乘客可以從車窗眺望這個罕見的告別式大場面。

移靈的隊伍一路沿著校外道路，經過阿峴洞高架橋，再穿過西小門洞來到漢城市政府前的廣場時，已經聚集了一百萬以上的人潮，這可能是韓國史上僅見的最大規模的葬禮。在市政府廣場舉行路祭之後，李韓烈的靈柩就上高速公路運回光州望月洞墓園安葬。

民主化之後，到一九九八年上任的金大中政府時，制定了好幾項特別法，使得因參與民主化抗爭而受難者都可以申請賠償。李韓烈的母親將賠償金在首爾麻浦區新村路的小巷內買了一塊地，後來再利用各界善心人士的捐款，蓋了一棟五層的樓房做為「李韓烈紀念館」，由李韓烈紀念事業會委請專人來經營，現任館長是李韓烈在延世大學高一屆的學姊李京蘭。

李韓烈紀念館就像臺灣的透天厝，一樓是辦公室，三、四樓是展覽與研討室。他們會定期舉辦人權與民主相關的講座、展覽等，每年也會頒發獎學金，給各級學校學生。

此外，二〇一九年七月，為了替「蔡瑞月舞蹈節」尋找當年李愛珠教授為李韓烈移靈跳鎮魂舞的照片，本書作者之一的朱立熙連絡上李韓烈紀念館館長李京蘭女士，而延伸出一段臺韓藝文界的美事。

朱立熙老師一九八七年擔任駐韓記者時拍的十幾捲彩色底片塵封了三十二年，因為這場舞蹈節而重見天日，不僅震撼了南韓媒體圈，在臺灣與日本也引起關注，這段因緣實在太特別了。二〇一九年十一月一日至三日舉辦的第十五屆「蔡瑞月舞蹈節」，成功邀請韓國知名的「民眾舞蹈家」李愛珠教授來臺灣，成就了這一段夢幻般的藝文交流。

蔡瑞月是誰？她是「朝鮮舞姬」崔承喜的學妹，她們同

許多民眾與記者都擠上延世大學校門口對面的高架鐵路上，如此才能綜觀告別式的全景，連火車經過時也刻意暫時停駛，讓乘客可以從車窗眺望這個罕見的告別式大場面

1987 年 7 月 9 日李韓烈告別式，百萬韓國人上街送別

時在東京跟日本現代舞的先驅石井漠學習現代舞，但是終戰後兩人的命運都很悲慘。蔡瑞月因為臺灣的白色恐怖，在火燒島被關了三年；崔承喜歸順北韓受盡迫害，五十八歲就英年早逝（北韓金正日後來替她平反，遷葬到平壤的「愛國烈士陵」，墓碑上並表彰她為「人民俳優」）。蔡瑞月辭世後，她的媳婦蕭渥廷老師主持基金會，每年以她之名舉辦舞蹈節，邀請各國知名舞蹈家來臺灣共襄盛舉。

今年為了邀請李愛珠教授來臺，蕭老師請朱立熙老師幫忙找一些她的資料與照片。朱老師問了韓國友人才知道，她就是一九八七年七月九日被催淚彈打死的李韓烈烈士告別式當天，在靈柩移靈時跳鎮魂舞的舞蹈家。因為當天朱立熙老師就在現場採訪，在高架鐵路上居高臨下綜觀全景，但是當時並不知道舞者是誰。

於是朱老師找到了「李韓烈紀念館」館長李京蘭、也就是李韓烈的學姊，請她提供幾張李愛珠當天跳舞的照片，朱老師也回贈她當天以及李韓烈腦死四週後被宣告死亡到告別式之間（七月五日—七月九日）拍的八張照片給她。那些照片是從教學用的簡報檔下載的，畫質並不好。但是，李京蘭館長看了十分吃驚，有幾張照片是她從未看過的。

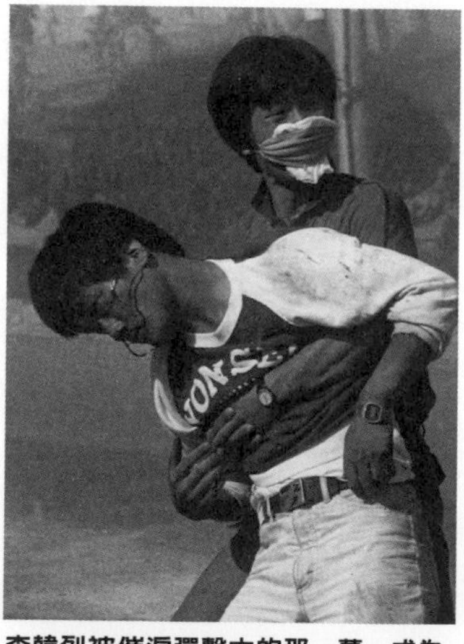

李韓烈被催淚彈擊中的那一幕，成為六月抗爭的強大催化劑，深烙於當代韓國人腦海中

於是朱老師就從書櫃深處翻出來八捲底片，拿去沖洗店把彩色底片數位化，把包括當年「六月抗爭」一共三百多張照片存在光碟裡，寄給李京蘭館長。李館長把從未在韓國見過的其中九張照片貼在「李韓烈紀念館」的臉書，被韓國「聯合通信社」的記者發現而寫成新聞報導，一天之內被二十多家媒體轉載，「東亞日報」還親自打電話來採訪朱老師。因為這些照片而讓朱老師在韓國成為新聞人物，實在很意外。

這些照片經過篩選後，挑出大約五十張，二〇二〇年六月到九月會在臺灣的「二二八國家紀念館」展出三個月，然後再巡迴到臺灣中南部展覽；六月間也會在紀念李韓烈殉難三十三週年時在首爾展出。

此時此刻推出這些歷史照片純屬「美麗的巧合」，是因為舞蹈節的盛宴而被挖掘出來，並沒有任何的政治目的。不過，如果能夠對臺、韓、日的新世代有所啟發的話，還是很有意義與價值。畢竟，臺灣與韓國今天能夠享有如此自由與民主的生活，是多少前人的犧牲奉獻所換來的。自由、民主與人權保障，能夠像空氣與水一樣，那麼自然就能夠擁有，並不是

首爾大學李愛珠教授跳著「鎮魂舞」引領靈柩前進，她以壯烈的肢體動作，希望李韓烈的靈魂能夠安息

天上掉下來的禮物，那是無數先人的生命代價才得到的。

日本的《週刊金曜日》對這些鄰國的民主化抗爭照片與故事有興趣，給了三頁的版面做深度報導，這要感謝主辦蔡瑞月舞蹈節的蕭渥廷老師，這個「美麗的巧合」讓朱老師有機會認識李愛珠教授與李京蘭館長，增添了許多教學的素材。

一九八七年南韓的六月抗爭與李韓烈的罹難，臺灣的威權獨裁政權在民意的壓力下被迫解除戒嚴，為我們揭開了民主化的序幕。三十年之後，臺灣有二〇一四年的三一八太陽花學運，影響了當年十二月的香港雨傘革命，然後是二〇一六年韓國燭光示威的「世代革命」推翻了朴槿惠獨裁政權。今天臺韓兩國已經是自由民主的國家，香港人現在卻為了失去的自由以及毫無指望的民主在流血抗爭，讓我們攜手合作，一起協助香港恢復昔日的自由與榮耀。只有中國成為真正的民主國家，它才不會是周邊國家的安全威脅，也才能與世界和平共處。

사회 13

답 못찾는 수도권 쓰레기매립지
3개 지자체 각자 처리방안 부상

대법 "신체접촉 용인했더라도 기습 키스는 추행"

영정 들고 오열– 도심 운구 행렬– 대만 기자가 찍은 이한열 장례식

「東亞日報」2019 年 7 月 15 日報導本書作者朱立熙於 1987 年拍攝李韓烈告別式的珍貴照片

紀念館展示當時李韓烈中彈時所穿的延世大學衣服與牛仔褲，仍可見斑斑血跡

西大門刑務所歷史館

如果從歷史發展的脈絡來看，韓國人權黯幽歷史地標之旅的首站，應該就是「西大門刑務所」，這裡可說是首爾西大門區最著名的人權景點。一九〇八年十月啟用的「京城監

西大門刑務所外觀

開放當時牢房，當成教育展示空間

獄」，日治兩年之後，一九一二年改名為「西大門監獄」，一九二三年再改名為「西大門刑務所」，到一九八八年停止當監獄使用之後，經過十年的整修復原而成為監獄博物館，一九九八年開放參觀，也改名為「西大門刑務所歷史館」。因為無數的抗日獨立運動人士在這裡被關押或處刑，它因此被稱為歷史的活見證，也是學校老師從事歷史與人權戶外教學的。

跟臺灣在日本殖民統治時代做對比的話，一九一一年在綠島設立的「火燒島浮浪者收容所」，只比「西大門刑務所」晚了三年，但是火燒島關押的是重大的刑事犯，與「西大門刑務所」大多為政治犯有所不同。日治時代，西大門刑務所關押的多為抗日的獨立運動人士；一九四五年韓國光復後，關押的則是反獨裁暴政的異議人士或反政府的大學生。所以光復前是「民族主義者」，光復後則是「民主鬥士」。西大門刑務所蘊含了獨立鬥爭與民主鬥爭的精神場域。

一九九八年開館的「西大門刑務所歷史館」，原樣保存了牢房、死刑場、瞭望崗哨等，連惡名昭彰的「保安課」，也重新整修之後，成為「西大門刑務所歷史館」的主建築。除了歷史館之外，整個西大門獨立公園裡還包括：史蹟三十二號的「獨立門」、史蹟三十三號的「迎恩門」礎石、獨立館、殉國先烈追念塔、三一獨立宣言紀念塔等，可說是韓國民族的聖地。

由於參與抗日運動的女性逐漸增加，一九一六年新建了地下的女監房，多為獨房關押重刑女犯，做為審訊與刑求之用。後來到一九三四年改建牢房時，將地下一樓的監房埋沒填平。到一九九二年規劃獨立公園時，在學術界與獨立運動團體的強力建議下，進行開挖與復原的工程。復原後的地下牢房占地一百九十平方公尺，挖出了四邊各只有一公尺的牢房四間。其中一間是獨立運動最年輕的鬥士、當年才十八歲的柳寬順被酷刑殉難的牢房，所以又稱為「柳寬順窟」。

由於柳寬順是西大門刑務所最有名的獨立鬥士，而且殉難時只有十八歲，她的事蹟幾乎是解說員都會詳細說明的。一九一九年「三一獨立運動」爆發，當時柳寬順就讀的京城梨花學堂被日警勒令停課，柳寬順於是回到家鄉忠清南道天安，發動了鄉親舉行「獨立萬歲運動」，被逮捕後判刑三年，監禁在公州監獄。

一九一九年八月一日她被移送到西大門刑務所，並在京城複審法院再審，卻因冒瀆法庭罪，加重刑量為七年。柳寬順在牢房中每天早晚都高喊「獨立萬歲」，於是獄警對她加重嚴刑拷打，但是她的意志並不為所屈。

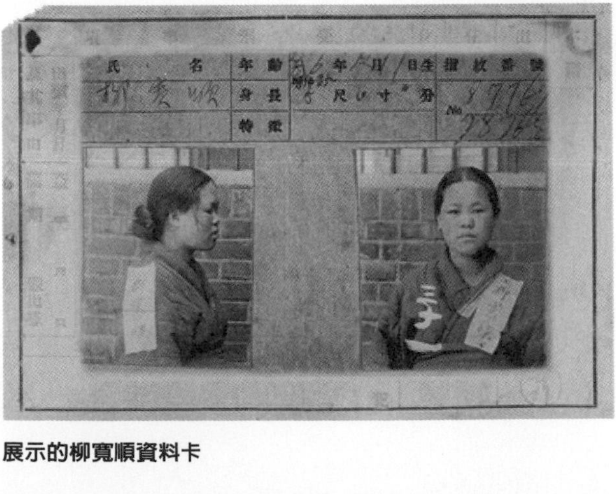

展示的柳寬順資料卡

一九二〇年三一獨立運動一週年時，她甚至跟獄中同僚舉行了大規模的獄中示威。後來日警對她再加重酷刑，由於刑求的傷害與營養嚴重失調，於一九二〇年十月十二日在獄中壯烈犧牲。

走出西大門刑務所歷史館，獨立公園靠近大馬路的地方，矗立著一座仿巴黎凱旋門的建築，那就是由「獨立協會」徐載弼等人號召全民募款籌建的「獨立門」。他們把原址所在象徵事大主義的「迎恩門」（迎接大清皇恩）拆除，於一八九六年開始興建，一年後完工。「獨立門」三個字正面用韓文，反面則是用漢字刻寫。

【歷史小教室】同樣追求民族自主與自治，「朝鮮獨立協會」與「臺灣文化協會」有何差別？

柳寬順的牢房

獨立門

四一九民主墓地

在首爾城北區水踰里有一處公墓，被稱為「民主聖地」，那就是首爾市民無人不知的「國立四一九民主墓地」。這是發生在一九六〇年四月十九日，全國學生與人民為了抵抗李

國立 419 墓地四個區域，一共埋葬了 585 座墓塚

419 民主墓地裡的紀念館

承晚政權的貪瀆腐敗，又在選舉中舞弊企圖長期獨裁統治，而挺身上街頭革命，赤手空拳對抗槍砲與坦克，導致四百多人犧牲，包括受傷後死亡的受難者，目前共有五百六十二座墳墓，讓犧牲者長眠於這塊聖域。

一九五六年大韓民國總統選舉，李承晚以七〇％絕對多數連任，其後脅迫國會通過廢除總統最多連任兩次的限制。一九六〇年三月十五日，韓國進行第四任總統大選，李承晚在選舉中作票舞弊以九〇％得票當選。在野的民主黨總統候選人在選前遭到暗殺，引發學生與在野黨的不滿。四月十一日馬山外海發現浮屍，馬山市爆發了警民流血衝突事件後，更使局勢惡化。四月十八日，高麗大學示威學生從國會返校途中遇到流氓襲擊，四十多人受傷，導致隔日更多學生前往青瓦臺抗議，因警衛部隊開槍而導致一百八十六人死亡、六千多人輕重傷的事件，並引發「四一九學生革命」的開端，引發了全國性大規模的暴動。

一九六〇年四月二十六日，三十多萬韓國人包圍了韓國總統府。李承晚向自己唯一的希望美國求救。美國總統艾森豪命令駐韓美軍不准妄動，他給李承晚的答覆是：「我尊重韓國人民的選擇。」在這天中午，已經澈底絕望的李承晚宣布辭職，副總統李起鵬全家舉槍自盡。為了逃脫罪責，李承晚於五月二十九日帶領全家逃亡到美國夏威夷。

國立四一九墓地右側，有一棟三層樓的建築，那是「四一九紀念館」，時間充裕的話，建議可以進去參觀，大約需要一小時。常設展介紹了四一九革命發生的緣由，是因為李承晚企圖四選連任而引發。一九六〇年先是大邱市爆發「二二八抗爭」，然後發生「四一一浮屍事件」，讓馬山市民與學生憤而起義。已經不得民心的李承晚政府再利用「三一五選舉舞弊」，終於引爆「四一九革命」等等過程，都有詳盡的描述。

紀念館裡也有世界史上重大的「人民革命」的介紹，每個月還會推出本月的民族英雄特展，一個小時的巡禮，絕對不虛此行，因為這是研究南韓民主化抗爭的「第一門課」。

此外，李承晚流亡美國後，在一九六五年以九十高齡辭世。他在全國各地的銅像被拆除，現在留有銅像的地方，是首爾東崇洞的故居「梨花莊」（現在由他的養子李仁秀夫婦居住），以及他的母校江南培材中學校園裡，各有一座。

「四一九學生革命」是二次世界大戰之後，全球第一次的人民民主革命，它在世界史的

李承晚一下野，銅像立即被拆除

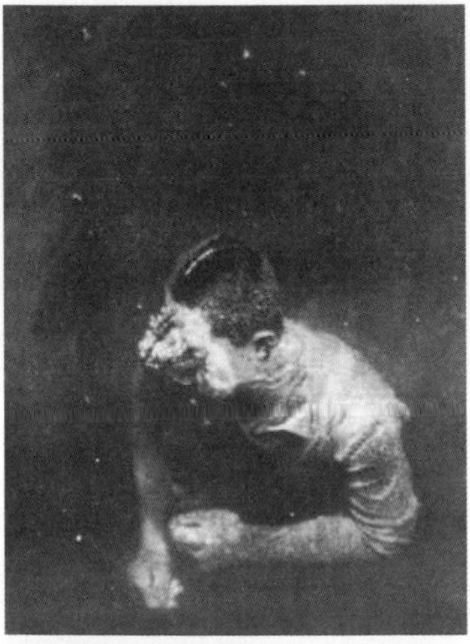

4/11 馬山外海發現 16 歲高中生金朱烈的浮屍，左眼被射入一枚催淚彈，引發市民的憤怒

地位不容忽視。一九四八年出任大統領時，已經是七十三歲高齡老人的李承晚，為了終身連任，到八十五歲已經獨裁十二年，仍然戀棧權位四度修憲，終至被人民的力量所推翻。

四一九學生革命具有以下的意義。一、它並沒有特定的組織和計畫，是學生和人民對選舉舞弊與政權貪腐的自發性起義。二、它揭示了「主權在民」，不得民心的政權是不可能維繫長久。三、腐敗無能的政府與經濟，民意基礎薄弱的政權，很難發展民主政治。四、韓國光復後引進的西方民主制度，是無法靠模仿與移植而生根的。五、二十世紀後半發生的民主革命，對後來全球學生運動的勃興，有極大的貢獻。

【歷史小教室】「四一九學生革命」是二戰後亞洲第一個人民革命推翻獨裁政府，但是南韓並未因而成為民主國家，請解析原因何在？

419 民主墓地紀念碑

大韓民國歷史博物館

面對首爾市中心的「光化門」，右邊最前方有兩棟結構很像的建築，但外觀卻不一樣，這原本是雙子星大樓，是由韓戰參戰國之一的菲律賓（在一九五〇年代菲國是亞洲僅次於日

大韓民國歷史博物館外觀

2019 年展出韓國三一獨立運動 100 週年特展，使民眾回憶百年前殖民地時期獨立運動志士努力的足跡

此面太極旗，展示於 2019 年三一獨立運動 100 週年特展，為大韓民國上海臨時政府期間使用，象徵人民出征

本的經濟大國）所捐贈的。後面一棟是美國駐韓大使館，從落成就使用至今；前面一棟則由韓國政府不同部門輪流使用過，包括：治安本部、文化公報部、文化體育觀光部等，後來改為「大韓民國歷史博物館」。

這座歷史博物館跟其他的歷史博物館不同，它是以一九四八年大韓民國政府成立以後的「現代史」為主要常設展示的博物館，所以展示的東西非常現代，包括政變、鎮壓、暴政、民主化抗爭等事件，以及經濟發展的階段性歷程，常設展還有一輛綠色的「小馬」計程車。

除了常設展之外，它也會根據歷史事件推出「特別展」。例如：二〇一八年推出「濟州四三：現在是我們的歷史」，把過去只侷限在濟州人口傳與教科書簡略敘述的事件，第一次搬到首都來展覽，讓全國人都能正確認識濟州四三大屠殺；在二〇一九年推出的特別展是「三一獨立運動及上海臨時政府一百年特展」，把大韓民國如何基於三一運動與臨時政府的精神而成立的百年故事，對韓國新生代述說。

二〇二〇年是「五一八光州民主化運動」四十週年，館方正在全力規劃這項特別展，將光州事件如何促成韓國的民主化，以及光州事件後的轉型正義（韓國人稱「過去清算」），如何能在事件發生十六年之後得到落實。儘管光州民主化運動後續的真相調查工作仍在繼續進行中，這項特展可以預見將會轟動全韓國。更遑論光州民主化運動的所有文獻紀錄，已經登錄為聯合國教科文組織的「世界紀錄遺產」，大韓民國歷史博物館自然肩負了向全民公開文獻紀錄的任務。

二〇一二年十二月正式開張的大韓民國歷史博物館，是韓國公部門的建築中，以綠能、友善環境得到最高評價的建物。博物館八樓的屋頂，是景觀視野最佳的地方，最近的景點就是景福宮，遠方可以看到總統府青瓦臺，左下方則是是世宗大道，也就是從二〇一六年十月底開始，到二〇一七年四月初反朴槿惠壟斷國政、貪腐斂財的每週六燭光示威的現場。

在現代史的抗爭現場展示南韓現代史發展的滄海桑田，大韓民國歷史博物館絕對是觀光客到光化門穿韓服拍照「來此一遊」之外，另一個更具歷史深度與厚度的必遊之地。

第二章　釜山歷史地標

釜馬民主抗爭

要談朴正熙為什麼會在一九七九年十月二十六日遇刺死亡，我們必先從他上任後不斷修憲，企圖把總統變成終身職談起。

朴正熙在一九六一年政變掌權後，為了長期執政，屢屢修改憲法。他為了能夠繼續長期執政，一九六九年修憲廢除總統禁止三選連任的條款，一九七二年後更進一步制定「維新憲法」，並且經過公民複決通過，達到了可以終身掌權的目的。但是「維新體制」一啟動，就引起了各界的反彈，包括大學生、學者、知識分子等不斷以示威抗爭來反對維新憲法。

為了維持政局的安定，迫不得已的情況下，朴正熙從一九七四年開始以頒布「緊急命令」來壓縮與限制憲法賦予人民的各項自由，包括集會結社、言論、罷工等自由，在一年之間，頒布的緊急命令從第一號到第九號，給人民的自由權越縮越緊，甚至詆毀與冒瀆總統都會被入罪。所以，從一九七五年到一九七九年朴正熙遇刺身亡的五年間，被稱為「第九號緊急命令治國時代」，嚴苛的程度更甚於臺灣的戒嚴時期。接著，我們來解析釜馬抗爭為何成為壓垮朴正熙十八年獨裁的最後一根稻草，這要從當年動盪不安的政局談起。

一九七九年八月九日至十一日，發生ＹＨ貿易公司女工因公司惡性倒閉，工會成員兩百多人到漢城麻浦區的新民黨總部（總裁為金泳三）抗爭，要求最大反對黨能夠聲援。她們占據了黨總部四十小時與鎮暴警察對峙。

ＹＨ公司是專門製造假髮的的成衣縫製業者，以老闆張龍浩的英文簡寫命名。一九七〇年代初的鼎盛時期，曾經擁有四千多名工人，出口實績一百萬美元，在全國排名第十五。但後來第二代接班後，把資金挪移到海外，加上七〇年代後半開始，假髮外銷不振，公司開始裁員，女工們於是組織工會與資方談判，結果資方反而以關廠解聘全部工人結束營運。

ＹＨ女工在新民黨總部抗爭時，要求政府協助解決問題。但是軍事獨裁政權卻在中央情報部長金載圭的指令下，派出武裝鎮暴警察封鎖現場，以棍棒對付女工。八月十一日，當局出動一千多名鎮暴警察，將一百七十四名女工強制拖離現場。不料工會幹部金慶淑飛越玻璃窗，縱身跳樓自殺，送醫後不治。優勢警力則衝進總裁辦公室將金泳三與幹部拖出並暴力痛毆，導致五十多名新民黨員與記者受傷。鎮壓事件共有一百七十多名女工、二十六名國會議員與新民黨員被逮捕。

ＹＨ女工鎮壓事件導致政局急速冷峻，朴正熙政權也馬上策劃對新民黨的分化工作。八月十三日策動新民黨地方黨部負責人向法院提出訴訟，以總裁選舉無效為由，申請對金泳三總裁與副總裁等所有黨職人員停止執行黨務的假處分。九月八日，漢城民事法院奉朴正熙的指示，對本案做出裁決，接受假處分的申請，剝奪了金泳三總裁的職務。

九月十日，紐約時報刊出金泳三的專訪，他誓言「展開全民的抗爭」，並要求美國總統卡特斷絕對朴正熙政權的支援。朴正熙政權指控這是「反憲政、反民族的勾當」，於是在國會提出「懲戒同意案」。十月四日，一百五十九名共和黨與維政會議員以奇襲投票通過了對金泳三的國會議員除名決議案。導致所有反對黨國會議員以集體辭職抗議，國會陷入完全癱瘓的地步。

「釜馬民主抗爭紀念基金會」理事長宋基寅神父，是故盧武鉉總統的天主教代父，也是鼓勵他與現任文在寅總統從政的啓蒙導師，在韓國倍受景仰。圖為宋神父主持釜馬民主抗爭七十週年紀念研討會

釜馬民主抗爭七十週年紀念研討會辦理地點：慶南大學。1978 年 10 月 18 日一千多名慶南大學學生無視於停課令，在校內舉行大規模示威之後，轉進馬山市內繼續抗爭，學生與市民在市內街頭激烈示威

從YH事件到除名風波這一連串的政治動盪，讓全民對朴正熙維新體制充滿厭惡與不信任，由此引發的學運抗爭也就開始更形高漲。

十月十六日上午，一千多名國立釜山大學的學生在圖書館前示威，並高呼口號要求「撤銷維新」、「打倒獨裁」。他們後來衝破校門口的鎮暴警察封鎖線，前進到釜山市內繼續抗爭。他們的吶喊引起了釜山市民的呼應，紛紛加入示威行列。到十七日凌晨一點，示威群眾一共襲擊破壞了釜山市內十一處派出所，情勢似乎難以控制了。

十七日當局對釜山大學下達停課令，但是東亞大學的學生奮起接棒，加入街頭的示威隊伍。儘管當局下令自十八日零時起釜山與馬山地區戒嚴，但是學生與市民不顧禁令，繼續在市中心抗爭到深夜仍不罷休。後來維新政權派出第三空降旅到釜山強力鎮壓，才使情勢被控制下來。

另一方面，在馬山的一千多名慶南大學學生，在十八日也無視於停課令，在校內舉行大規模示威之後，轉進馬山市內繼續抗爭。馬山是引發一九六〇年「四一九學生」革命的城市，革命性格一向非常強烈。學生與市民在市內街頭激烈示威，並襲擊了共和黨支黨部辦公室、北馬山派出所、青瓦臺侍衛長朴鐘圭（也是慶南大學創辦人）的豪宅、馬山市政府、法院、馬山文化放送等維新體制的擁護或御用機構、公共建築物等十九個地方。

當局雖然派出三十九師的二百五十名兵力，在裝甲車的前導下強力鎮壓，但示威仍持續進行到清晨兩點。次（十九）日晚上，街頭示威又開始，軍方派出一千五百名武裝兵力鎮壓，隔天對馬山與昌原一帶下達「衛戍令」，持續四天的「釜馬民眾抗爭事件」才告落幕。從十六日抗爭到十九日的釜馬事件，一共有一千五百六十三人被逮捕，其中約五百人是學生，其他的則是勞工、攤販、薪水階級等一般市民。

釜馬抗爭其實也是獨裁政權核心內部鬥爭的產物。總統侍衛長車智澈主張強力鎮壓反維新體制的學運，中央情報部長金載圭親自到釜山示威現場觀察後發現事態嚴重，強力鎮壓效果恐適得其反，但是總統顯然接受了車智澈的建言。金載圭認為車智澈對總統進了讒言，擔心自己地位不保，決心動手除掉政敵。

十月二十六日金載圭在中央情報部宮井洞的招待所，設晚宴招待朴正熙與車智澈，青瓦臺祕書長金桂元與兩名女歌手作陪。宴席中途，金載圭出去座車上拿手槍，回來後就先射殺了車智澈與他的侍從官，接著又對朴正熙開了四槍，朴正熙當場殞命。這位一生三度對自己同胞變節，卻獨占權力十八年的獨裁者，應該沒有料到會喪命於自己的親信槍口下。

朴正熙死後一個半月，以朴正熙義子自居的少壯派野心軍人全斗煥，發動了「一二一二政變」篡奪了政權。五個月後，全斗煥設計圈套引爆了光州抗爭。所以沒有釜馬民主抗爭，就沒有朴正熙遇刺死亡，也就沒有全斗煥政變，更沒有光州人的起義。所以說釜馬民主抗爭是壓垮朴正熙十八年獨裁的最後一根稻草並不為過。

其次，金泳三出身釜山外海的巨濟島，釜山是他的地盤，釜山人當然無法忍受他們支持的當時最年輕的政治明星遭到朴正熙政權如此的迫害，釜山的大學生於是利用「維新憲法」（朴正熙圖謀終身執政的新訂憲法）頒布七週年之際，於一九七九年十月十六日舉事，展現他們對朴正熙長達十八年獨裁統治的忍無可忍，釜馬民主抗爭於焉爆發。這很像兩個月後臺灣爆發的「美麗島事件」，釜山與高雄不僅是港都，是兩國的第二大都市也是姊妹市，時隔兩個月先後發生民主抗爭，挑戰高壓統治的獨裁政權。「海口人」似乎有著相同的粗獷海味且不畏強權的民族性。

對於釜馬民主抗爭，「釜馬民主抗爭紀念基金會」理事長宋基寅神父在四十週年前夕，接受釜山「文化放送電視臺」（ＭＢＣ）訪問時如此解讀，釜山跟馬山都靠海，當地人的性格就像颱風來時的強大「波濤」，衝撞海裡的大岩石，在一波波浪濤的衝擊下，大岩石在終究是會崩解的。宋基寅神父是故盧武鉉總統的天主教代父（God Father），也是鼓勵他從政的啟蒙導師，在韓國極受景仰也被尊稱為「國師」。

二〇一九年十月是釜馬民主抗爭四十週年，包括宋基寅神父領導的「釜馬民主抗爭紀念基金會」、直屬國務總理的「釜馬民主抗爭真相究明委員會」，以及釜馬抗爭相關的團體：「釜馬民主抗爭紀念事業會」、「釜山民主抗爭紀念事業會」等，都強烈要求追究真相，恢復受害人名譽，並給予國家賠償。

連當年遭到鎮暴軍人性侵的數位女性都挺身而出，在紀念大會上流淚控訴遭到性刑求的經過，出席大會的文在寅總統與數千名來賓都義憤填膺，文在寅總統也承諾會透過特別法的立法，繼續追究真相，還給受害人的最基本公道。

在兩位總統的國師宋基寅神父的努力之下，釜馬民主抗爭的轉型正義與歷史定位，應該會在二〇二二年五月文在寅總統卸任之前得到解決。大家應可拭目以待！不過，對兩個月後臺灣發生的美麗島事件的真相調查或是重審，臺灣人顯得很無感，也漠不關心。除了民族性的差異，這又意味了什麼？似乎值得臺灣人去省思。

【歷史小教室】釜馬抗爭與美麗島事件同樣發生於一九七九年，請比較歷史脈絡的相關性。

我國駐釜山辦事處處長吳尚年（圖右）是唯一受邀參加釜馬抗爭七十週年大會的駐釜山外國使節，左為筆者朱立熙

釜山文化放送電視台為釜馬抗爭事件四十週年製作的專輯，「被遺忘的英雄們」，其中兩位女性挺身控訴遭到特戰部隊軍人性侵

正義辯護人與豬肉湯飯

《正義辯護人》是二〇一三年上映，由知名演員宋康昊主演的一部由真人真事改編的電影。這部片是以韓國前總統盧武鉉一九八一年在釜山執業律師時，擔任「釜林讀書會事件」的辯護律師，進而從人權律師踏上從政之路的經歷為腳本。

盧武鉉是韓國有史以來學歷最低的總統，僅為釜山商業高中畢業，但經過十年的苦讀與多次落榜，破天荒的在一九七五年通過司法官考試，一九七七年正式成為大田市地方法院法官，後來因興趣不合轉換跑道成為律師。擔任律師以後，因為他高商學習的商科知識，使得他擅長於稅務、財產等案件，再加上他誠實、講求信用，當時成為釜山地區炙手可熱的稅務專業律師。

現任的文在寅總統，當年也在盧武鉉的律師事務所工作，並成為合夥律師。以兩人深厚的交情與革命情感，要說文在寅是繼承盧武鉉政治使命與遺志，一點也不為過。而鼓勵盧、文兩位從政的，正是現任「釜馬民主抗爭紀念財團」理事長的宋基寅神父，因此宋神父也

正義辯護人電影海報

可視為盧、文兩任總統的精神導師。

一九八〇年設計「光州事件」的陷阱策略（現正名為「五一八光州民主化運動」）後，全斗煥掌控了政權登上韓國總統大位，高舉「肅清赤匪」的大旗，在韓國各地大量逮捕異議分子，甚至不經正常法律程序逕自羅織罪名，行非法拘禁之實，大舉逮捕反政府大學生。而「釜林事件」正是在那個荒謬的時代背景中，一起牽涉二十二名無辜大學生的大型冤案。這也是盧武鉉第一次投入「公安事件」人權議題的辯護工作，可說是他後來被歸類為人權律師及從政的起點。

這部電影中，宋康昊所飾演的宋佑碩律師幾乎每天都到對他有恩的豬肉湯飯小店用餐吃飯，而老闆娘跟她的兒子總是像家人般熱情的接待他。而豬肉湯飯店的這位小老闆，後來因為參加讀書會，牽扯進「釜林事件」之中，遭到警方的非人道刑求逼供。兒子身陷囹圄，使得這間餐館不得不歇業，而金姈愛所飾演的老闆娘更是陷入極端的痛苦與無助中。直到原本可以靠無往不利的稅務案件賺入大把金錢的宋律師協助，免費接下辯護之責，才讓她看見一絲曙光。

而「豬肉湯飯」這項釜山知名的平民食物，在此劇中也占有相當多的「戲分」。相較於韓國其他地區喜嗜牛肉，釜山地區的豬肉湯飯則是顯得相當平凡，但為什麼會成為釜山的特色食物？又為什麼大量的出現在《正義辯護人》劇中呢？

相傳是在韓戰期間，一九五〇年十二月大量「興南大撤退」（文在寅的父母親即為當時撤退的難民）的難民都十分貧窮，無法有錢購買牛肉等珍貴食材，因此便宜的豬大骨變成為窮人難得的珍饈，既可以用大骨熬湯，也可將附著於大骨旁的碎肉刮下來料理，結合起來烹飪就是現在所看到的「豬肉湯飯」。也因此豬肉湯飯發展至今就變成釜山的代表性美食，且因為價格低廉，分量又多到可供飽餐一頓，雖然稍嫌油膩，卻成了韓國經濟發展時期，大批勞動階級補充體力的最佳選擇。如今，釜山西面捷運站附近的「豬肉湯飯一條街」，也成了觀光客到釜山旅遊必到訪品嘗的景點之一。

因此《正義辯護人》劇中刻意以豬肉湯飯這項平民美食，突顯出盧武鉉總統來自基層而親民的特質。除了釜山的豬肉湯飯外，盧武鉉當任總統時，常常步行到青瓦臺附近的「土俗村蔘雞湯」用午餐，當時除了讓韓國人民感受到盧武鉉平實的平民化作風之外，也常讓附近店家及午間外出用餐的上班族十分興奮，覺得這位總統跟我們都一樣，吃一樣的東西，甚至就坐在旁邊用餐。當然最高興的，一定就是「土俗村蔘雞湯」的老闆，在總統的加持之下，打著「連總統也愛吃的美食」，直到現在都還是全韓國知名的超人氣美食名店，甚至被稱為全韓國

興南大撤退

第一的蔘雞湯。

值得一提的是，隨著《正義辯護人》開出亮麗的票房，不僅韓國人民重新懷念起盧武鉉這位真正基層出身的平民總統，「釜林讀書會事件」也從大家遺忘的角落，重新擺上檯面。時隔整整三十三年，當年的學生都已變成中年人時，二〇一四年二月十三日，釜山地方法院對釜林事件進行二審宣判，判決五名被告人無罪（這五名被告在二〇一二年向法院提出覆審），判決書中雖有一些因為「國家保安法」而依舊認為這些當事人還是有觸法之嫌的但書敘述，但是不減平反「釜林事件」的真實意義。

不過宋康昊演完這部片後，雖然靠著劇中的精彩演出，拿下了包括第三十五屆韓國青龍電影獎影帝等多項殊榮，但也被當時在任的右派總統朴槿惠列入九千四百七十七名的「文藝界黑名單」中，使得他的表演路上冒出了幾塊絆腳石。但是好演員跟好人一樣，老天爺一定會特別眷顧的，二〇一七年的「我只是個計程車司機」、二〇一九年「寄生上流」，不僅讓他名利雙收，重新站上高峰，更是各界肯定的「韓國國民影帝」。

二〇一三年出品的這部電影，是韓國民主化帶動韓流的發展以後，最成功的一部轉型正義的電影之一，它讓民主化世代體認了獨裁政權如何蹂躪人權，也啟迪了民智，加深了人民的民主意識，對後來保守政權的倒行逆施予以強烈鞭笞。

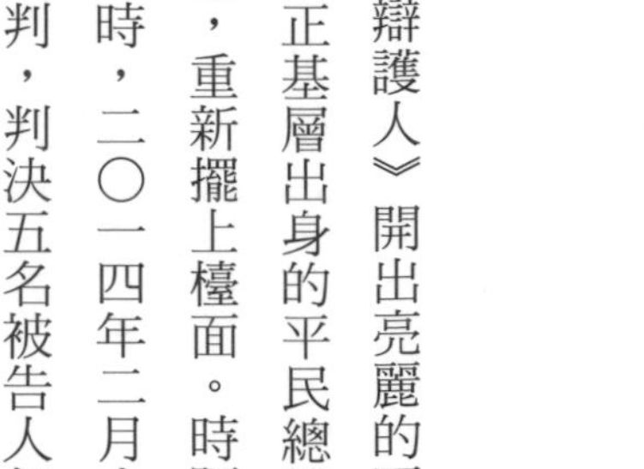

釜山最具代表性的庶民美食：豬肉湯飯

釜山民主公園與民主抗爭紀念館

占地兩萬平方公尺的「釜山民主公園」，是在一九九九年十月十六日釜馬民主抗爭二十週年成立的。主要目的是為了弘揚一九六〇年四一九學生革命、一九七九年釜馬民主抗爭、一九八七年六月民主抗爭等，歷年的重大抗爭事件的精神，讓後世人不要遺忘。

釜山民主公園石碑

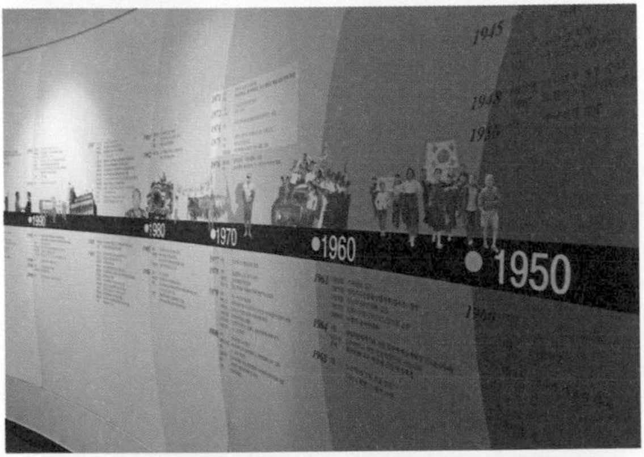

民主抗爭紀念館裡展示歷年民主化運動的珍貴史料與文獻

在民主抗爭紀念館可以居高臨下遠眺釜山市

公園裡的民主抗爭紀念館，一樓有四百一十九個座位的中型劇場，以及一百二十席座位的小劇場；二樓有常設展示館、研討室、學術資料室；三樓則有特展室、史料保管室等。中型劇場屬於多元的綜合文化空間，可做為國際會議、學術活動、各種演講會，以及歌唱、戲劇、電影、舞蹈發表會等多元使用。小劇場則可以做為小規模會議室，演講會場與電影院等。紀念館的常設展，除了歷年民主化運動的珍貴史料與文獻之外，也有當年拘禁牢房的模擬實體，讓參觀者可以體驗被收押後的非人性待遇。

戶外公演場可做為音樂會、戲劇表演場，週末與假日則可做為戶外結婚儀式場。植物園種有四百種各樣植物，環園道路上有「苦難之場」、「追悼之場」、「正義之場」等不同主題的休憩空間。公園附近還有中央圖書館、光復會館、釜山大捷（十六世紀李舜臣將軍的海戰）勝戰紀念戰跡碑等。

在釜山這個港都的寶水山頂，參觀民主公園之外，還可以眺望釜山港與釜山市全景，在這裡呼吸自由民主的空氣，才不虛一趟釜山之行。

【歷史小教室】韓戰期間，釜山曾為大韓民國臨時首都。當時由於大量難民湧入，使得釜山人口遽增，一九六三年升格為直轄市。高雄市同樣為港口都市，而且也是釜山姊妹市，是比較二都市的異同。

國際市場：半世紀的諾言

二〇一四年上映的《國際市場》，截至目前是韓國影史上第二賣座的電影，一千七百萬觀眾被感動到痛哭流涕，兩小時的電影濃縮了韓國現代史的故事。

影片裡面的男主角德洙，與父母弟妹經歷了「興南大撤退」，混亂中父親及大妹末順走散，沒有搭上撤離的船艦。究竟是生死兩別還是分隔兩地，因為兩韓的壁壘分明及消息封鎖，其實他們也沒有任何的消息可以證實。

「興南大撤退」肇因於一九五〇年聯軍統帥麥克阿瑟（Douglas MacArthur）沉醉於仁川登陸的成功，太過小看彭德懷所率領中國解放軍的「抗美援朝」實力，因此在「聖誕節攻勢」潰敗後所進行的撤退行動。當時聯軍為了保留實力，除了將殘部及軍備集結在興南港進行南撤，也協助將當地居民以火車及船艦帶往南韓（主要是釜山及巨

1950 年興南大撤退時，成功搭上梅瑞狄斯勝利號的難民，其中也包括文在寅總統的父母親。後來文在寅的父母親落腳巨濟島，而文在寅也 1953 年 1 月 24 日出生在巨濟島

興南大撤退時，為了增加救援人數，美軍決定軍艦上「只載人、不載物」。於是等到船開遠後，為了防止敵方取得物料，便向岸上的油桶開火，把半個咸興市幾乎燒成廢墟

濟島），這其中的民眾以基督教徒為大宗（因為他們害怕受到無神論的共產黨迫害），也包括了韓國現任總統文在寅的父母。文在寅曾說：「沒有興南大撤退，就沒有文在寅。」

當時協助撤退的除了像「國際市場：半世紀的諾言」影片中看到的美國軍艦外，其實也包括兩艘美國商船，分別是「梅瑞狄斯勝利號」和「勝利大道號」，文在寅的父母當時搭乘的就是「梅瑞狄斯勝利號」抵達巨濟島，但諷刺的是，「梅瑞狄斯勝利號」多年後被當成廢鐵賣到中國。二○一七年，南韓民間為了希望將停泊在洛杉磯附近港口，被改造成博物館的「勝利大道號」購買回韓國永久保存，發起了資金募集運動，打算將其改造成「興南大撤退」博物館，讓這一段歷史記憶不被遺忘。

電影《國際市場》海報

一九八三年，南韓ＫＢＳ電視臺為慶祝韓戰停戰三十週年，策劃製作了《尋找離散家屬》的節目，原本一集九十分鐘的節目，在近一年三個月的播出期間，竟總共直播了高達四百五十三小時，也讓ＫＢＳ電視臺前廣場擠滿了成千上萬尋找親人的南韓民眾，希望有機會找到因韓戰分隔兩地的親人，這個節目後來被聯合國教科文組織（ＵＮＥＳＣＯ）列入世界記憶名錄中。而「國際市場：半世紀的諾言」忠實地呈現當時情況，片中德洙雖然曾因以為找到父親的誤報而失望，但萬念俱灰時竟出乎意料地找到失散多年的妹妹末順，回填了一些他心中曾經的遺憾。

而貫通整部戲的主要場景，就是位於釜山國際市場的「花粉之家」。「花粉之家」是德洙姑母尹花粉所開設的店鋪，也是德洙家人來到釜山的投靠之地，更是德洙與父親約定失散時聚首的地點。因此後來德洙在姑母過世後頂下了這家店鋪，也為了遵守與父親的承諾，一

文在寅曾說：「沒有興南大撤退，就沒有文在寅。」

國際市場裡的「花粉之家」

近年來很受觀光客歡迎的「甘川文化村」是當年北韓難民的安置區域。漫步在「韓版聖托里尼」的街道中，那一間間彩色繽紛且浪漫的小房子竟都可能是一個個生離死別的家庭悲劇，令人感慨萬千

輩子堅持守住這家小店。而為了家中的生計跟弟妹，德洙也先後到了德國及越南工作，這一部分其實也說明了當時南韓的「漢江經濟奇蹟」，背後其實是「派德運動」以血淚賺外匯打下的基礎。

如果仔細看片中德洙用德國當礦工的工資購買的房子，會發現他們的住所在山坡上，這也是很典型一九五〇年從北部撤退到釜山民眾的居住地，近年來很受觀光客歡迎的「甘川文化村」就是其中之一。當時大量民眾湧入釜山，所以像這樣原本比較不利居住的山坡地，就變成了這些幾乎身無分文、孑然一身的「難民」最適當的安置區域。現在漫步在「韓版聖托里尼」的街道，會發現充滿文藝氣息的壁畫、裝置藝術及特色商家，這都是後來空間活化及社區營造的結果，但是在觀光客此起彼落的快門聲背後，那一間間彩色繽紛的小房子竟都可能是一個個生離死別的家庭悲劇，令人感慨萬千。

為什麼韓國勞工、護士會去西德打工？一九六〇年代，韓國欲向西德借三千萬美元，但因沒有一家外國銀行願意擔保，西德勞動部於是提議，為了因應西德「萊茵河奇蹟」的經濟大發展而出現的勞動力不足情況，韓國可輸出勞動力到西德當礦工跟護士，互蒙其利。

當時的南韓，經濟狀況不甚理想，失業人口激增，國民人均收入只有七十美元左右，甚至比北韓還差。因此南韓政府二話不說，每年選派了數萬名男女到西德，國家可以既獲得西德銀行的貸款，又可賺取外匯，而韓國國民到德國當「外勞」可賺取大筆金錢，讓家裡經濟迅速提升，一時趨之若鶩。

一九六四年十二月十日，時任南韓總統朴正熙偕同夫人訪問西德，在魯爾煤礦工業區訪問時發表演講，當地的韓籍礦工及護士湧入現場。在場的礦工一身炭屑，護士們一身酒精味，都還沒來得及沐浴就來到演講現場想見自己國家的總統。朴正熙看到這場面，把原先準備的演講稿擱在一旁，開口就含著眼淚跟礦工與護士說：「各位，對不起，因為國家太窮才讓你們在這裡受苦。你們都想家了吧？祝福你們平安，並順利返回家鄉。」全場頓時哭成了一片淚海。「絕不能讓我們的後代子孫再過苦日子了。」朴正熙語畢後，臺上的第一夫人陸英修與臺下的韓國勞工哭成一團，無法自我。

二〇〇六年時，當時還是國會議員的朴槿惠拜訪德國，再次踏上他父親一九六四年曾經留下足跡的魯爾工業區，遇到父執輩是派德運動時期礦工、護士出身的僑胞，不禁感動落淚的說：「我永遠不會忘記我們的父母親四十多年前牽著手痛哭失聲的畫面。」

二〇一四年，距離朴正熙一九六四年訪德整整五十年後，朴槿惠以南韓總統身分再次訪問德國，這時的南韓已擠身世界經濟列強，當年人均收入超過二萬四千美金，和五十年前連總統專機都派不出來的貧窮國家已不可同日而語。

1964 年 12 月，時任南韓總統朴正熙偕同夫人訪問西德，在魯爾煤礦工業區訪問時發表演講，台上的第一夫人陸英修與台下的韓國勞工哭成一團，無法自我

第三章　濟州歷史地標

濟州島的故事

西元十三世紀，高麗末期濟州島（耽羅王國）曾經被蒙古（元朝）統治了一百年。當時先發生「三別抄」軍隊叛變，後來退守到濟州繼續抗蒙，跟蒙古軍打了四年的戰爭。高麗因為被蒙古入侵三次都吃敗仗，所以自甘臣屬於蒙古元朝，除了必須定期朝貢還對蒙古言聽計從。但是蒙古大軍不諳水性，所以兩次越海攻打倭寇都以失敗收場，但是蒙古騎兵大軍如何渡海到濟州島，與濟州人作戰？是高麗人協助蒙古把馬匹用船隻運送到濟州島，而使得濟州成為韓國唯一擁有飼養馬匹牧場的地方。

濟州當地有個「抗蒙殉義碑」是朴正熙為了提振民族意識下令蓋的。濟州這個位在南韓西南海域的離島，自古以來就是流放或貶謫異議人士的地方，也因此相較於韓半島其他地方，它的叛逆性格相當的強烈。

三姓穴為大韓民國指定史蹟第 134 號。三姓穴相傳為濟州島人的發源地，傳說中濟州島民為三位神人與碧浪國三位公主的後代，後世子孫分別為高、梁、夫三大姓氏家族

抗蒙殉義碑

「濟州四三」是什麼？

美國軍政時期發生在濟州島的「濟州四三事件」，是韓國現代史上人命受害慘重僅次於韓戰的悲劇性事件。而且，在事件發生五十年後，仍未完成具體性與綜合性的追究真相，而民怨不休。直到二〇〇〇年一月十二日「濟州四三特別法」制訂公布之後，才由政府著手調查真相。

事件的背景相當複雜，多重因素交錯，無法以單一的因素加以說明。濟州島因位處東北亞的要衝，地理的特殊性，使得日本在太平洋戰爭末期將濟州島當做戰略基地，駐屯了六萬日軍以阻止美軍的登陸。終戰之後，日本軍撤退，以及從外地回來的六萬名濟州鄉親，造成人口的急遽變動。光復初期的期待破滅，回歸人口的就業困難、生活必需品的短缺、霍亂導致數百人犧牲、嚴重的農作歉收等惡劣情況交雜一起，加上米穀政策的失敗、日帝警察轉變為軍政警察、軍

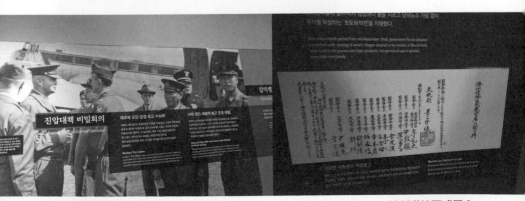

時任南朝鮮國防警備隊第 9 聯隊的
金益烈聯隊長（右一）

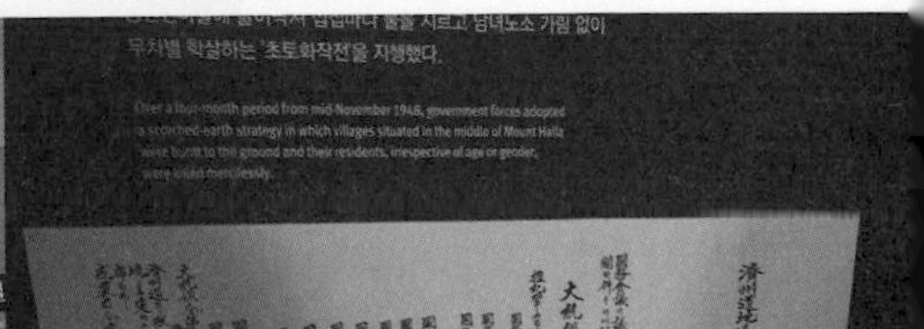
濟州道地區戒嚴令

政官吏的牟利行為等，成為嚴重的社會問題。在這樣的氛圍下，一九四七年「三一節」爆發的開火事件，更讓民心惡化。

三一節開火事件，是警察對示威群眾開火，造成六人死亡、八人重傷的事件，犧牲者大多是圍觀的一般居民。這個事件就是引爆四三事件的導火線。這時，「南勞黨」濟州島黨部展開有組織的「反警察」運動。為了抗議警察開火，三月十日的大罷工，包括公家機關、民

濟州島為一火山島，全島有著許多熔岩洞窟，四三事件當時許多島民躲藏在像這樣的洞窟內躲避戰火。但當時討伐隊進行無差別的格殺，使用煙霧嗆暈在洞內避難人民再進行屠殺

姜堯培畫作「哭號震天」。軍警討伐隊展開「焦土化」的強力鎮壓作戰，濟州居民猶如身處地獄一般，四處都是鬼哭神號、穿心裂肺的哭喊聲

間企業等濟州島九十五%以上的職場都參與了，也是韓國前所未見的民官聯合大罷工。

美國軍政當局感覺事態嚴重，派遣調查團到濟州分析指出，這場大罷工是因為警察開火引起島民反感，以及南勞黨的煽動而升高。但是事後的處理，卻置「南勞黨煽動」的比重高過「警察開火」，而採取了強力攻勢的政策。包括道知事等軍政高層，全由外地人替代，並大舉派遣救援警力與「西北青年會」團員南下濟州，展開對罷工主謀者的逮捕作戰。一個月

濟州機場第二跑道，2007-2009 開挖四三遺骸的作業。但因李明博保守政權不再給予預算支援，所以在其任期停工。文在寅總統在七十週年大會致詞時，承諾要繼續追究四三的真相，繼續挖掘到最後一具遺骸為止

濟州島上有數條「43 路」，能通往各四三事件的相關發生地、紀念館或景點。近年濟州島也推出「黑色旅遊」行程，希望帶旅客從黑暗歷史看到真正的濟州

之內，逮捕收押了五百多人，到隔年爆發四三之前，一年間一共拘禁了兩千五百人，接連遭到恐怖襲擊與刑求。

一九四八年三月，基層警察分局連續發生三次刑求致死事件，濟州社會頓時陷入一觸即發的危機狀態，此時，南勞黨也因組織機密外洩而處於危機。陷於守勢的南勞黨進步勢力，利用反軍政當局的民心，決定了兩個目標：採取守護與捍衛組織的手段，並反對即將到來的「（南韓）單獨選舉」、「（南韓）單獨政權」，決心以「救國鬥爭」展開武裝鬥爭。

一九四八年四月三日清晨二時，三百五十名武裝隊攻擊了十二處警察分局與右翼團體，展開了武裝起義。這些武裝隊高喊口號，要求警察與「西青團」停止鎮壓，反對單選、單政，要求建立統一政府等。起初，美軍政當局視為「治安事態」，只增派警力與西青團去阻止事態擴大。但是事態未見收拾，駐韓美軍司令哈奇中將與軍政部長狄恩少將於是下令警備隊出動，展開鎮壓作戰。

另一方面，第九聯隊長金益烈中校與武裝隊的金達三之間達成協議，同意透過「四二八協商」來和平解決事態。但是，和平協商卻因右翼青年團體的縱火事件而破局。美軍政當局派遣第二十聯隊長布朗上校與第二十四軍團作戰參謀蕭中校到濟州，透過更換警備隊第九聯隊長等，試圖讓五一〇選舉能夠成功舉行。但是五一〇舉行的大選，全國兩百個選區當中，只有濟州島兩個選區的投票數未過半數而宣告無效。

美軍政當局於是任命布朗上校為濟州地區最高司令官，展開更強勢的鎮壓作戰。六月二十三日試圖舉行重新選舉，仍告失敗。五月二十日發生四十一名警備隊員脫營，加入武裝隊的事件。六月十八日又發生新任聯隊長朴珍景上校遭部下暗殺的事件，都造成衝擊。

後來，濟州事態一度轉為小康局面。武裝隊因金達三等領導階層參加「海州大會」，使得組織經歷了重組的過程。軍警討伐隊在政府建立的過程中，僅採取鬆弛的鎮壓作戰，但只是暫時的小康局面而已。

南邊建立了大韓民國，北邊也建立了另一個政權，導致濟州事態跳脫單純的地方問題，而成為對政權正統性的挑戰。李承晚政府在十月十一日設置濟州島警備司令部，增派了本土的兵力到濟州。但是，此時被派到濟州的麗水第十四聯隊與順天的駐軍卻易幟叛變，而捲入了無法挽救的漩渦之中。

十一月十七日濟州宣布戒嚴。在此之前，第九聯隊長宋堯讚發出布告稱，在距離海岸線五公里的山區地帶通行的人，視為暴力分子將予以格殺。從此，就對山區村落大肆展開「焦土化」的強力鎮壓作戰。與此有關的美軍情報報告書中記載了：「第九聯隊基於山區地帶村落的所有居民，明顯提供游擊隊幫助與方便的假設之下，而對村落居民採取『大量屠殺計畫』（Program of mass slaughter）。」

戒嚴令宣布之後，許多山區村落的居民遇害。不只是山區村落，連住在海岸邊村落的零散居民，也以提供武裝隊協助的理由而被處死。結果，為了保命而逃入山中的難民更為增加，他們在寒冬躲在漢拏山中，被抓到的話，不是遭射殺就是送到監獄。鎮壓軍警甚至將家中有人不在者列為「逃避者家屬」，而對他們的父母與兄弟姊妹施以「代殺」的殘忍替代手法。

到了十二月底，鎮壓部隊由第九聯隊改為第二聯隊接替，但是聯隊長咸炳善繼續執行強勢鎮壓作戰。沒有經過審判的程序，許多居民就被集體屠殺。人命受害最多的「北村事件」，就是第二聯隊的暴行。

一九四九年三月，設置了濟州島地區戰鬥司令部，展開了鎮壓與安撫並行的作戰。新任司令官柳載興發表赦免政策，躲避到漢拏山的人投誠的話，全都可以得到寬恕。這時，有許多居民下山了。一九四九年五月十日的重新選舉，也就成功地舉行了。當年六月，武裝隊領袖李德九遭射殺之後，武裝隊已經形同潰滅。

但是韓戰爆發（一九五〇年六月二十五日），又是一次悲劇的到來。「國民保導聯盟」加入者、需監視者、入山者家屬等，在第一波拘留中大舉遭到殺害。在全國的監獄中被拘禁的四三事件關聯者，則遭立即處決的處分。據估計，在第一波拘留與監獄中犧牲的人達三千多名，受害者的屍體大部分都無法找到。

武裝隊的殘餘分子儘管還有攻勢，但力量已經衰微。從一九四七年三月一日三一節的開火事件引發一九四八年四三武裝起義，到一九五四年九月二十一日漢拏山從禁足地區全面開放，四三事件歷經七年七個月總算落幕了。

因此，「濟州四三事件」應該被定義為：「以一九四七年三月一日警察的開火事件為起點，並抵抗警察與西青團的鎮壓，以及反對單選、單政，在一九四八年四月三日由南勞黨濟州島黨部武裝隊武裝起義之後，到一九五四年九月二十一日漢拏山禁足全面開放為止，在濟州島發生的武裝隊與討伐隊之間的武力衝突，以及討伐隊在鎮壓過程中造成無數居民犧牲的事件。」

按：一九四五年八月十五日韓國光復，至一九四八年八月十五日大韓民國政府正式建立期間，由美國軍事統治，稱為「美軍政時期」。

【歷史小教室】濟州四三事件只比二二八事件晚一天發生，不僅時間相近，死亡人數也不相上下。請比較發生如此大屠殺的背景。

觀德亭

看起來古色古香的觀德亭，是濟州島上歷史最悠久的建築物，也是韓國政府指定的國家寶物第三二二號，觀德亭可追溯到朝鮮世宗時期，時任牧使辛淑晴為訓練麾下士兵所建。而觀德亭旁邊是原濟州牧官衙門，從朝鮮時代就是濟州的政治跟行政中心，甚至到美軍政時期及大韓民國建國初期，也都還是重要官署的所在地。也因為如此，觀德亭及前面的廣場，在濟州四三事件中，既是導火線的發生地，也是武裝隊悲壯結局的句點。

一九四七年二月十日，約一千名學生到觀德亭廣場附近的美軍政所抗議，訴求「防止朝鮮殖民地化，從抵制洋果子進口開始」，美軍當時強力解散抗議學生。而同年三月一日約三萬島民聚集在濟州北小學，進行「慶祝三一獨立運動二十八週年」的合法集會，但集會結束後，大批不願離去的群眾，演變成示威遊行，但整個過程還算是和平。或許對軍警而言，從集會變成遊行尚在預料之中，當時早以調動大批軍警至觀德亭濟州警察監察廳前戒備。遊行隊伍從北小學出發，剛離開觀德亭，就發生騎警的馬踢傷小孩的事件，引起現場群眾不滿，除了倉皇逃回警察廳的騎馬警察開槍外，在警察廳上方制高點的也有狙擊手開槍，造成六名民眾在慌亂中中彈死亡，其中還包括一位抱著嬰兒的母親，而年齡最小的罹難者是就讀北國小五年級的許斗鎔。這起事件也點燃了濟州島民長久不滿的怨火，成為四三事件的引爆點。

一九四八年四月三日，在原本寂靜且尚未破曉的凌晨兩點，以金達三為首的武裝隊，從漢拏山上聚集起義，攻打濟州各處警察辦公處所及西北青年團，至此正式揭開韓國史上最血腥、最令人不忍卒睹的黑歷史篇章。

一九四八年的四月二十八日，時任南朝鮮國防警備隊第九聯隊的金益烈聯隊長與武裝隊領袖的金達三進行和談，希望以安撫政策結束整起事件，讓和平似乎露出曙光，但不到三天，旋即因右派激進團體故意引起事端而破局。當時的鷹派普遍認為鴿派的金益烈軟弱，甚至將他扣上共匪的大帽子並撤換。但後來金益烈在韓戰中表現驍勇，並因戰功而一路躍昇以陸軍中將身分退伍，證明了不同於殺人屠夫，擁護正義與人權才是真正的英雄。

李德九被槍殺後，屍體置於觀德亭前示衆

濟州暴徒首魁
李德九等射殺

【國防部發表第十號】五月上午八時現在 지난十월二十八일 제주도(濟州島)표성(古城) 작전에서 소위제주도인민군 총사령관 이덕구(李德九) 외 간부다수가 사살되였다 (그런데 이(李)는인민군 지휘자 김달삼이 이북으로 도피한후 사령관이 된자이다)

하기위하여 이번사건에관한반란자 一부에대하여서는임이조사가 완료되여게엄지구제一차고등군법회의를개정하기로되였다 또한 나머지 반란병에게 대해서도 조사가완료되는대로 속속군법회의에 넘길것이며 결과는 수시로발표하겠다

「暴徒」李德九遭槍殺之剪報

姜堯培畫作「開槍」。警察廳上方制高點的狙擊手向民衆開槍

同年六月，躲藏在山中的武裝隊第二任領袖李德九被射殺，他的屍體被軍警綁在木十字架上，在觀德亭示眾後焚燒。從此武裝隊，已無力量抵抗，走上末路，接下來的五年期間，就是島民零星的反抗，以及大韓國民政府軍所帶來的報復性屠殺。

【歷史小教室】濟州四三事件導火線，也就是三一節開槍事件的前一天，臺灣發生了「二二八事件」，從當時的社會背景與國際環境來看，兩者有何相似之處？而兩國當局採取的鎮壓手段是否符合「比例原則」？

觀德亭

北村里大屠殺

基本上北村里四三紀念館、腦芬松伊兒童墓葬區、順伊三寸文化碑與北村里慰靈碑都在同一個區域。在遺族的爭取之下，二〇〇九年三月三十日紀念館與慰魂碑同時完工。完工後由濟州道政府及「四三遺族會」委託「北村遺族會」經營管理。

參觀時建議先到紀念館內的媒體室觀看北村里四三紀念館的介紹影片，除了瞭解北村里的基本資料、地理位置與相關背景外，影片會從日據時代的情況談起，後來經歷四三事件，以及玄基榮著作「順伊三寸」的出版，到盧武鉉總統代表韓國政府道歉，並希望世人能將四三事件當成教訓，不要重蹈覆轍。

看完影片後，可以參觀展示區，在展示區前，會看到一幅「飲乳兒童」的畫像，這是由濟州島出身的名畫家姜堯培所繪，描述北村大屠殺時的慘況。畫面上呈現一名倖存的嬰孩，不知母親已經死亡，因為肚子餓而持續吸吮母乳。而一旁的說明文字除了描述當天血流成河的慘況，也寫著希望不要再有殺戮。

姜堯培畫作「飲乳兒童」。描述北村大屠殺時的慘況，不知母親已經死亡的嬰孩，因為肚子餓而持續吸吮母乳

姜堯培一九五二年出生於濟州島，是韓國相當有名的畫家，他創作了一系列描繪四三事件的始末與慘況的作品，他與作家玄基榮分別透過文字創作及藝術領域，將家鄉所經歷的血淚經歷讓更多人知曉、讓歷史可以被記住，並與多數濟州島人一樣衷心期望悲劇絕不能再次重演。

展示區內除了以圖表及實物展示四三事件的前因後果外，更明顯的位置就是北村罹難者的牌位碑，上面密密麻麻的近六百人姓名背後，都是一則則悲傷的故事。牌位碑下的一盞蠟燭，除了祈禱受害人民能夠安息，也希望慰藉心靈受傷的遺族。

其實紀念館內的工作人員，很多都是受難者家屬或後裔。年近五十歲的李尚彥先生是北村四三紀念館實質負責人，他表示他小時候只知道每年到農曆十二月十八日他們家及左鄰右舍大家都在都要祭拜，直到就讀高中時，看到課本的一行字，寫著一九四八年發生濟州事件，他才開始想去了解並關心，但是找不到資料，家中長輩也避談，那時就覺得很奇怪。二〇〇〇年「四三特別法」通過後，家人及遺族會成員之間才開始談論發生經過，而他知道他的祖父、大伯、姑媽三人是四三事件犧牲者這件事，甚至不是從家人口中，而是從別人口中得知。家中長輩不讓後輩知道屠殺始末，除了心中悲痛不想讓後輩繼續活在悲傷氛圍外，更重要的是他們就像臺灣二二八事件的遺族一樣有「心中的警總」，害怕講出來被密告，會被當成共產黨而捉到警局偵訊。二〇〇一年起李尚彥館長第一次參與北村慰靈祭，從此積極了解事情真相，希望能盡自己一份心力，因此開始在紀念館協助。

出了紀念館後往左手邊走幾步路，就可看到腦芬松伊兒童墓葬區。「腦芬松伊」，此為濟州方言，意思是「一片寬廣的石頭地」，這樣的地形不利農作物種植，從玄基榮的著作中現可以知道以前這樣的惡地，大概只能種植馬鈴薯。這一塚一塚或說是一圈一圈由石頭圍成的小丘，都是四三事件枉死的兒童墳墓，這些小墳塚上面總是都會擺放著一些玩具，應該都是附近居民自發表達對這些無辜犧牲兒童的不捨，著實令人感到鼻酸。

恐怕她是在射擊之前就已經昏倒的樣子。如果她醒來一看，看到有許多死人疊壓在她的身體上面……那個時候，順伊三寸恐怕早已精神錯亂。

隨著小路往上走，會看到公路旁有一個低窪地，立著幾座或倒或傾的石碑，其中只有一座兀自獨立，這就是「順伊三寸文化碑」。這些場景取自於「順伊三寸」文章裡的內容，倒下來的碑，就象徵遭集體射殺的民眾，唯一立著的是失去親人獨自存活的「順伊三寸」。這些碑上刻著「順伊三寸」書上的部分內容，字字心酸、字字血淚。玄基榮的「順伊三寸」是一本短篇小說集，每一篇的時代背景都是濟州四三事件時的景況經歷。一九七八年出版時正為朴正熙當權，這本書被當局認定為「思想不純正」而列為禁書，作者玄基榮也被情報單位逮捕、慘遭嚴刑拷打。因此他自己曾提到說：「這部挑戰禁忌的作品，使得我被軍方情報機關逮捕，遭受嚴刑拷打，甚至坐牢。那時候我就體悟到原來四三還沒結束啊！我應該是四三最後的受害者吧！」

作家玄基榮也因為「順伊三寸」這本名著，而成為濟州「傷痕文學」的桂冠。二〇一八年四三事件七十週年的紀念大會上，玄基榮在文在寅總統致詞之前，被邀請上臺朗誦他的文章並發表感言。由此也可見他對揭發四三事件的貢獻，確實功不可沒而且無人可以替代。

二〇一九年十一月中旬受「台北二二八紀念館」、「二二八國家紀念館」及「國教署人權教育資源中心」邀請來臺演講的玄基榮，在臺北與臺南的兩次講座中沉痛地述說，「濟州四三的受難者，生前都不是共產主義者，反而

中文版本之「順伊三寸」

北村里慰靈碑

死後才被標籤為共產黨徒。而更別說那些無辜受難的小孩，他們根本不知道共產主義是什麼，卻遭到殘酷的屠殺。」據調查統計，十歲以下的小孩與七十歲以上的老人，占了四三事件三萬犧牲者總數的十分之一以上，可見四三事件若謂「無差別大屠殺」一點也不為過。

再繼續沿著小路往前走，會看到「慰靈碑暨犧牲者刻銘碑」。面對慰靈碑左手邊的西雨峰的另一邊就是當時屠殺北村里的軍警分署所在地：咸德。

許多人在「腦芬松伊」兒童墳墓上放了玩具，希望慰藉亡者

順伊三寸文化碑

二〇〇〇年一月金大中總統簽署頒布四三特別法。在「四三特別法」頒布前，四三事件在濟州島是不可說、不可談的禁忌，因為除了「國家保安法」的限制外，刑法裡也有「容共、利敵」等罪刑，更何況加上當地人民經歷四三事件的恐懼經驗，更是噤若寒蟬。北村里當時居民約為一千五百人，但遭大規模屠殺約六百人，存活下來的多為女人、十歲以下的孩童跟老人，中壯年男人幾乎消失殆盡，因此北村里後來也被稱為「無男村」。

「四三特別法」通過後，人民才開始敢提供各種證詞，所以接著成立「四三遺族會」及「北村遺族會」。而遺族會成立後的第一件事，就是開始為無辜犧牲的犧牲者舉辦慰靈祭，第一次舉辦就在二〇〇一年，慰靈祭舉辦的場所大多選擇學校操場或較為寬廣的地方，經常需要借場地或換地方，所以遺族會就詢問濟州道政府與道議會，是否可以提供一個固定的場地讓他們設立慰靈碑。後來跟道議會提出提案後，道議會承諾會處理。二〇〇五年盧武鉉政府執政，同時他領導的執政黨也是國會多數黨，除了政黨屬性當然也有選票考量，國會就承諾由中央政府來協助設立慰靈碑。因此在國會的支持之下，開始籌建北村里四三紀念館及慰魂碑，終於於二〇〇八年，同時也是濟州四三事件六十週年時開始施工。二〇〇九年三月三十日完工後，成為當地居民最重要的心靈療慰中心之一，也是受難遺族進行交流及研商相關事務的大本營。

濟州四三和平公園

占地十二萬坪的濟州四三和平公園自喻為「和平之風」，目前由濟州四三和平基金會負責管理運作。西元二〇〇〇年金大中總統公布「四三特別法」後，除了進行真相調查外，同年他確認將在位於奉蓋洞的公園用地上興建成和平公園，除作為祭祀、紀念、研究與教育的場所外，更希望成為代表和平、和解與共生的未來場域。

濟州四三和平紀念館

從主要出入口進到園區後，最顯眼的地標莫過於紀念館主體，這裡除了是展示空間外，也是「濟州四三和平基金會」的所在地，目前基金會有正職人員二十二人，加上約聘僱人員十人，主要業務為協助四三事件受難者及其遺族、教育事業、紀念事業與公園管理，二〇一八年新設研究室，編制有四位專職研究員，希望未來能和相關學術團體增加交流與研討。因為同樣發生於一九四七年的臺灣二二八事件與濟州四三事件在時間、背景與導火線等有相當多相似的地方，因此「濟州四三和平基金會」與臺灣各級政府與人權團體交流相當密切，也是重要「盟友」。

位於紀念館內的展示廳，是「濟州四三和平公園」的參觀重點之一，建議進到園區後先參觀展示廳，瞭解四三事件的來龍去脈，會讓您接下來到其他的參觀點時更瞭解其背後的故事與內涵。

進到展示廳內的第一個展廳主題是「序幕」。首先看到一個挑高空間，圓形天窗下躺著一塊沒有碑文的「白碑」，沒有任何文字的碑象徵著四三事件追求和平與正義的過程還沒結束，事件尚未真相大白，但上方天井天光的照射代表希望。據說，這是仿效一九九五年臺北二二八和平公園裡的二二八紀念碑落成時，因為對二二八事件的定義莫衷一是而「有碑無文」的意象。

第二展廳的主題是「解放與挫折」。一九四五年八月十五日日本投降到一九四八年八月十五日大韓民國成立為止這三年期間，稱為「美國軍事統治時期」（簡稱美軍政時期），當時朝鮮半島剛剛結束日本統治，朝鮮人都期待可以

濟州 4·3 和平紀念館外觀

建立一個獨立自主的國家，但不幸的是當時北方已被蘇聯支配，南方亦由美軍軍事託管，當時還沒有民意代表，但許多較進步傾向的地區有成立人民委員會（自治政府），濟州島也是其中之一，當時的民眾認為好不容易從日本殖民統治解脫，因此對於接受軍事託管頗為不滿。

一九四五年九月九日，在行政及權力中心的原日本總督府，日本的國旗降下來，但接著升上去的卻是美國星條旗，當時朝鮮人民心中不禁感到困惑，這樣是否是真正的「光復」？還是只是換了另一個獨裁政權的新殖民統治？所以美軍政時期「駐朝鮮美國陸軍司令部軍政廳」（簡稱美軍政廳）與人民的衝突不斷。一九四七年三月一日在濟州北小學與觀德亭廣場舉行的三一運動紀念會，因騎警騎馬踢傷小孩，進而引起群眾不滿，造成後續衝突，警察開槍打死了六名群眾，此為四三事件引爆點。而非常巧合的是，在前一日（一九四七年二月二十八日），在臺灣也爆發了二二八事件。

第三個展廳的主題是「武裝起義與拒絕分裂」。事件爆

天光透過天窗照射在白碑上，
象徵希望

有碑無文的白碑

發後，美軍政廳持續的派軍人與警察至濟州島鎮壓且屠殺人民，一九四八年四月三日清晨二點，三百多位武裝的濟州島人（稱為武裝隊）在金達三的領導之下從漢拏山起義反抗，攻擊警局及西北青年團所在地等地，正式揭開抗爭。當時的濟州島人民認為美軍政時期比日本統治時期生活還更苦，無論糧食、傳染病問題、官員貪腐問題都有過之而無不及，這樣的歷史背景，其實也與臺灣二二八事件爆發前十分類似。

一九四八年五月十日南韓進行制憲國會議員的選舉，以進行大韓民國的建國準備。但當時濟州島的三個選區中的兩個因投票未過半而選舉無效，使得美軍政及後來的大韓民國政府相當不滿，加上七月的「地下選舉」事件，給予當局幫武裝隊及濟州島民扣上「紅色大帽子」的「正當理由」，甚至加大了討伐武裝隊的力度與強度。一九四八年八月十五日大韓民國政府成立，國會選出李承晚為第一任總統。同年九月九日，在蘇聯的扶植下，北朝鮮也成立了「朝鮮民主主義人民共和國」，由金日成將軍擔任第一任國家元首，整個朝鮮半島呈現分裂分治的狀況。

第四個展廳的主題是「連根拔起與大屠殺」。一九四八年十一月十七日開始，濟州島執行戒嚴，美軍政廳對於濟州島執行焦土作戰，距離海岸線五公里以上山區，都被認為是武裝隊「暴徒」所在之地，因此格殺勿論，一直到一九五四年為止，屠殺掉當時濟州島的十分之一人口。

第五個展廳的主題是「後遺症與真相查明運動」。濟州四三事件發生的七年七個月之中，當時屠殺的二萬五千至三萬人之中，有三十三%是手無寸鐵的老弱婦孺，可見當時屠殺的慘況。經過了七十年，就算當年是二十歲青年，現在也已九十歲高齡，為了保存這一段歷史，因此「四三和平基金會」針對一千多位當事人做了口述歷史與影像紀錄。而從展示品及相關資料中，可以看出這樣一場大屠殺帶給濟州島人民多麼長久且深刻的創傷，也敘述了後續真相查明的過程。

第六個展廳是「多郎修洞窟特別展示館」。四三事件發生當時，許多濟州島人當時為了避難，躲到漢拏山的眾多洞窟之中，多郎修洞窟（音譯，或稱為大郎旭）即是其中之一，當時討伐隊先用煙霧嗆暈避難人民再進行屠殺，直到一九九二年才被人發現多郎修洞窟慘狀。在此之前，濟州四三事件一直是個禁止談論的禁忌，也沒有被記載到教科書之中，但一九九二年四月多郎修洞窟被發現後經媒體報導引起社會大眾的矚目與關切，四三事件才逐漸被韓國民眾所知曉，並且露出正義曙光。但在剛剛發現多郎修洞窟時，當時的政府一開始認為無須公開，只要將遺骸丟到海裡，這樣的說法實在令人不寒而慄。「四三和平基金會」繼續投入大量經費，將原有洞窟裡面的用品移到展示館進行永久保存。

第七個展廳的主題是「尾聲」。一九八七年韓國民主化運動之後，關於四三事件的著作才能在韓國公開出版，二〇〇〇年以後中央政府才逐漸重視，進而制訂「四三特別法」，現任「四三和平基金會」的梁祚勳理事長也參與金大中總統簽署法案的現場，見證歷史的時刻。二〇〇三年盧武鉉總統對於四三事件中公權力的過度濫用，代表政府向濟州島人民鞠躬道歉，二〇一四年韓國政府將四月三日訂為國家紀念日。在這個展示區域中有很多濟州島人民說法及想法的名言錄，其中有一句說：「我們選擇原諒所有人，因為我們所有人都是受害者。」這樣偉大的情懷，選擇和解共生的大愛，讓中央政府與全國人民深受感動。四月三日成為國家紀念日，是希望讓四三事件的痛苦昇華為和解與人權的未來價值。在展示館的出口，以投影方式告訴所有參觀者，「濟州四三事件將成為和平、統一跟人權的象徵」。

受害者照片

四三教育中心與兒童體驗館

參觀完展示廳後往外走，依照參觀路線可以找到「四三教育中心」，二樓以上是二〇一八年剛落成的「兒童體驗館」，這個展館是特別針對十歲以下兒童所設計，以孩子的觀點及語言著手，讓他們瞭解四三事件，也針對社會人士舉辦「四三學苑」。

兒童體驗館成立目的在於讓未經歷過四三事件的兒童，讓他們瞭解四三事件並明瞭濟州不能再發生這樣的悲劇，讓四三事件昇華為和平人權的教科書。

展場的入口數個大螢幕，播放的內容是從當年的兒童口述歷史所匯整而成的影像，用日記的方式及手法呈現，從當年經歷慘案的兒童觀點，解說當年的發生經過。並以圖版方式呈現當年的兒童在尚未經歷屠殺慘案前都懷抱何種夢想？他們希望未來能在海邊玩、希望能買一雙新的鞋子……，都是微小而簡單的想法，顯示他們都跟一般兒童一樣的天真與單純。另也讓孩童思考兩韓如果統一後，他們會過著怎麼樣的生活。

另外，展廳裡有很大一部分區域，是以遊樂器材的方式讓現在的兒童透過遊戲體驗當時避難時躲在洞窟跟臨時避難的場地。也以遊戲圖卡教育兒童「和平是什麼」？和平就是

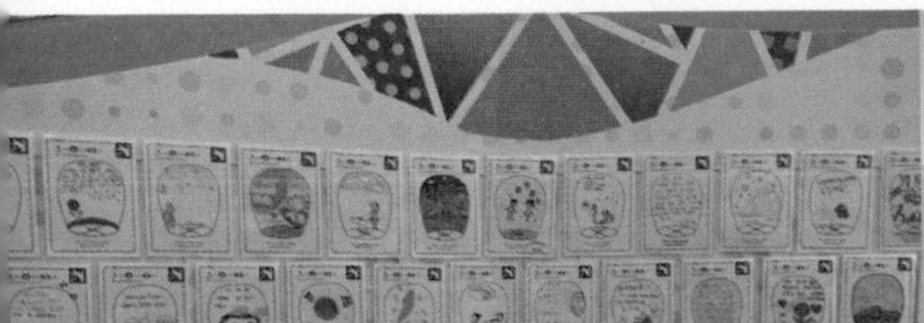

小朋友親手寫下的和平心願跟希望

以遊樂器材的方式讓現在的兒童透過遊戲體驗當時避難時躲在洞窟跟臨時避難的場地

自己做錯事時要跟別人道歉。

而在兒童體驗館內，會發現幾個長得像雞蛋的器材，其實是一個個小電影院，透過上方投影幕，讓兒童在寧靜、具有安全感的小空間，透過影片瞭解事件始末與和平的重要。

最後工作人員會透過小遊戲，讓兒童瞭解和平的意義後立下承諾（我承諾我會執行和平三宣言：一、我不和同學吵架；二、做錯事情時我會先道歉；三、我會瞭解與同學的差異點並互相尊重），並將自己的希望寫下來投射到最後的天燈影像牆，象徵每個小朋友的和平心願跟希望都會實現。

慰靈祭壇與牌位供奉所

整個園區除了肩負行政中心及展示區的紀念館外，最醒目的建築物應該就是「慰靈祭壇與牌位供奉所」，它可說是位於整個園區的最裡面，建築外面是祭壇，而扇形的建築物裡面是四三事件無辜死亡者的牌位供奉所。這裡以及前方的廣場也是每年四三慰靈祭暨紀念儀式的辦理地點。

經過那麼長的歲月，濟州島人表面上暫時放下了心中痛苦，將濟州建立成一個美麗的觀光島，但實際上這樣的傷害其實是深深地烙印濟州島民心中。在二〇〇三年時，時任的盧武鉉總統特別表示：「除了表達道歉之外，更對濟州人民表示敬意。」

失蹤者慰靈碑

走出慰靈祭壇與牌位供奉所後往左邊走，可以看到一片像墓地一樣的「碑林」，這是「失蹤者慰靈碑」。

這裡主要是為了追悼在四三事件中沒有找到屍骨的近三千八百名的犧牲者，這其中一部分的罹難者，應該還在濟州機場第二跑道下面，雖然陸陸續續有進行開挖，但是實在數量太大，而且遺骨身分的確認還必須透過與家屬之間的DNA親子鑑定，曠日耗時，實在不是一時一刻可以讓每位犧牲者都能「回家」。另有一部分的失蹤者，指的是事件發生後被移送到韓國本島監禁並處決的濟州島民，他們的遺體到目前依然不知去向，落葉無法歸根。

挖掘屍骨供奉所（奉安館）

在四三事件中，很多濟州島人民是被集體屠殺，並被集體掩埋，現在濟州國際機場第二跑道旁即是目前發現最大的掩埋場，在那邊目前挖出四百多具遺骸，經過DNA鑑定，已經有九十七具辨識出來身分，在保守陣營的李明博及朴槿惠政府任內，因縮減經費，遺骨挖掘及DNA鑑定都幾近暫停，直到文在寅上任後才又重啟相關工作。而挖掘出來的遺骸經過火葬，放在骨灰罈中暫厝此地。

此掩埋地點的發現，是透過經歷四三事件的相關人士口述歷史後尋覓，並組成專業團隊協助挖掘。

文在寅總統在二〇一八年，也就是四三事件七十週年的紀念儀式發表演說時，演講期間被臺下一萬五千名來賓及濟州島民熱烈掌聲打斷十四次，因為文在寅總統說：「真相要調查到真正的真相出現為止」、「要找到最後一具遺骸為止。」現場參與儀式的罹難者家屬及濟州島人民感動不已，一邊用力鼓掌、一邊痛哭流涕。

此館也模擬展示二〇〇七—二〇〇九濟州國際機場第二跑道的挖掘現場，並以影片播放當時挖掘畫面。

失蹤者慰靈碑

慰靈祭壇

藝術作品

「濟州四三和平公園」內展示多種象徵四三事件發生經過、濟州島民心情或抗爭意象的藝術作品，包含影像、繪畫與裝飾藝術，其中最知名、最具代表性，也最能打動人心的應該就屬「飛雪」（母女像）了。

一九四九年一月，政府討伐隊在現在和平公園所在的「奉蓋洞」地區進行大規模的作戰與屠殺，一位當地的婦女卞炳生背著他當時才二歲的女兒在逃亡途中，雙雙殞命在軍人的槍口之下，母親一直到嚥下最後一口氣，都還是緊緊的抱住女兒，希望能保護她，最後倒臥在雪地當中。而這座母子像就是以其母女的故事為主題，用以紀念所有無辜犧牲的濟州人民。這座雕像在冬天下雪之時，母親的背上就會鋪滿了一層白皓皓的雪，唯一能露出原本銅像顏色的就是嬰兒部分，就好像是一位母親用盡自己生命努力保護兒女的景象，令人動容。

母女像：飛雪

模擬展示 2007-2009 濟州國際機場第二跑道的挖掘現場

第四章　光州歷史地標

五一八光州民主化運動

發生於一九八〇年五月十八日至五月二十七日的「光州民主化運動」，過去曾經被稱為「光州暴動」、「光州抗爭」、「光州事件」等，直到一九九三年金泳三執政時才正式改稱「五一八光州民主化運動」，賦予它積極正向的意義。

一九七九年十二月十二日，陸軍少將全斗煥發動「雙十二政變」，讓人民對民主化的希望落空。而掌握軍權的新軍部勢力，無視於人民對民主的熱切期待，頑強抗拒人民要求他揭示民主化日程，於是引發大學生在全國各地持續示威抗爭。一九八〇年五月十四日有五萬名大學生在漢城市中心的光化門與鍾路集會示威。隔天，在漢城火車站前的示威群眾多達二十萬人。而五月十三日至十六日，光州的國立全南大學等九所大學的學生，每天在校內舉行「時局聲討大會」等各種要求民主化的示威，下午則齊集市中心與市民一起舉行聯合聲

光州各地有 29 個 518 事件的史蹟，全南大學為光州民主化運動的起點，因此校門口所設之紀念碑是第一號

討大會。十六日晚間的火炬示威大會並舉行「火刑儀式」，焚燒全斗煥等軍頭的肖像洩憤。

一九八〇年五月十七日深夜，戒嚴司令部在國防部召開全軍主要指揮官會議，決議向總統建議：一、緊急戒嚴令擴大施行全國；二、各級學校停課；三、解散國會；四、設置「國家保衛非常對策會議」。崔圭夏總統接受了軍方的建議，於是宣布自十八日零時起除濟州島之外，全國進入緊急戒嚴。

現今全南大學大門外觀

1980 年時的全南大學主建築，現仍保存於校園之中，並為 518 研究所所在地。全南大學的學生及畢業生在 518 民主化運動中扮演了十分重要的角色，也因此全南大學特別設立 518 研究所，以研究 518 民主化運動為重心，希望透過研究將當年的抗爭昇華為未來民主主義的價值與養分，並且設有 518 展覽館供教育、宣導及展示之用

擴大戒嚴的消息傳到光州之後，十八日清晨，一千五百多名大學生齊集全南大學校門前展開示威抗爭。由於空降特戰部隊的殘暴鎮壓，導致數十名學生負傷，憤怒的學生於是轉戰到光州火車站與市中心各地示威，而繼續遭到特戰部隊以棍棒與刀槍的殘酷襲擊，造成不少人傷亡，並有四百多名學生與市民被逮捕。戒嚴軍對不分男女的無辜市民與以及路人的濫行施暴，超越一般人所能想像的武裝暴力鎮壓，激起了光州市民的公憤，於是自十九日起紛紛加入學生的抗爭行列。

本身也是出身空降特戰部隊的全斗煥，在擔任上校聯隊長時，曾率領外號「蝙蝠部隊」的特戰聯隊派駐越南前線，以閃電進攻敵陣的戰技是蝙蝠部隊的最拿手的利器。全斗煥曾經如此形容：「像飛豹一樣用利牙突擊敵人要害的技能，是我們這個部隊致勝的祕方。」新軍部在光州投入特戰精銳部隊，使得流血悲劇的發生已難避免。

新軍部隨後又決定再增派第三空降旅五個大隊的兵力到光州，跟派遣第十一旅時的狀況一樣，都是在狀況尚未開展之前，就做了派兵的決定。因此，到二十日清晨，派到光州的特

518 光州事件的引爆點：國立全南大學。1980 年 5 月 18 日清晨，學生齊集學校門前展開示威抗爭，與鎮暴警察對峙的場面

戰部隊兵員共有三千四百人。

五月二十日下午，超過二十萬的光州市民組成示威隊湧上市中心錦南路，並占領了舊全羅南道廳，群眾示威有愈演愈烈的現象。連市場的商人都丟下生意不做，加入示威的行列。街頭到處可以看到「鬥士會報」的地下傳單，那是光州的社運人士所發行，為了宣揚理念，發布抗爭的進展，讓市民知道事實真相，並揭露戒嚴軍的暴行，拆穿新軍部操縱下的媒體的謊言與歪曲報導。

市民與戒嚴軍在街頭的攻防戰反覆上演。特戰部隊的鎮壓越蠻橫，市民的抗暴就越激烈。沒有人在街頭袖手旁觀，市民都以必死的決心加入抗暴的行列。傍晚時分，被激怒的計程車司機也加入抗爭，兩百多輛車子開著大燈浩浩蕩蕩開到錦南路，為示威群眾助勢，群眾的歡呼聲震徹雲霄。

不久之後，光州市民再也按捺不住怒火，縱火焚燒「光州文化放送」電視臺（ＭＢＣ），抗議它只會片面報導戒嚴當局的謊言，對戒嚴軍的過度鎮壓並殘暴屠殺光州人卻隻字未提。後來他們也放火燒了國營「韓國放送公社」（ＫＢＳ）電視臺光州

全南大學教授帶頭率領學生上街遊行示威

分臺。到當時為止，抗爭的群眾手中沒有任何武器，他們只拿石頭或木棍當最基本的防衛工具來跟戒嚴軍對抗。

晚上十一點，光州新車站前傳出槍聲，駐守當地的第三空降旅因為群眾開車企圖衝過封鎖線而對著群眾開火，前面的群眾紛紛中彈倒地，有兩人當場死亡。差不多在同一時間，光州稅務所與朝鮮大學前也都傳出槍聲，這是戒嚴軍在光州首次的開火。由於抗爭態勢有擴大的跡象，戒嚴軍除了據守光州所有的據點之外，也封鎖了所有聯外道路與通訊，要將光州完全孤立起來。

二十一日凌晨一點，群眾衝進光州稅務所，破壞辦公室器具並放火焚燒。他們無法容忍所繳的稅金，竟被軍隊用來買武器殺自己。當時他們對警察局反而相當保護，但是對媒體與稅務所縱火破壞，也是極端例外的狀況。二十一日上午，群眾用推車把光州車站前的兩具屍體運到市中心，並覆蓋國旗致哀。

上午十點，戒嚴司令李熺性首度代表政府當局對光州事件發表談話，指稱光州事件是「激進分子與間諜的破壞、縱火與煽動所引發」，他強調戒嚴軍擁有自衛權，並暗示已經下令可以開火。約在十點十分左右，道廳廣場前的空降部隊已經配發了實彈。

下午一點，道廳屋頂上的擴音器突然響起國歌，這是特戰部隊開始攻擊的暗號。軍隊齊一動作趴下，開始對路上的群眾開火射擊。在各大樓頂上的狙擊手瞄準了示威隊伍前帶頭的人，逐一開槍射殺。原本期待可以和平收場的群眾，在憤怒與恐懼中破滅了希望。錦南路成了一片血海，人潮散去的寂寥中，只剩下受傷者的呻吟。

有多少人在這場集體開火攻擊中死亡，迄今沒有公開。根據軍方在一九八八年發表的文件，以及接受受害者申報的數據顯示，當時至少有五十四人死亡，五百多人受到輕重傷。究竟是誰下令軍隊集體開火？迄今仍真相不明。但是韓國人咸信，下令開火的人除了全斗煥，不作第二人想。

為了對抗戒嚴軍的砲火攻擊，被激怒的示威群眾於是從下午兩點半開始搶奪光州鄰近城市警察局、派出所以及後備部隊的軍火庫，以槍械彈藥自我武裝之後組成市民軍，全面與戒嚴軍抗戰，原本的群眾示威演變成為街頭槍戰。市民軍從下午三點半對戒嚴軍開槍還擊，以道廳為中心展開零星的槍戰。

烏合之眾組成的市民軍，要與大韓民國最精銳的空降特戰部隊對抗，實力之懸殊就像是大人與小孩的戰爭，造成大量的死傷勢所難免，但是光州市民仍然要對抗到底。他們自動組成戰鬥指揮部，並以十多人分成一組，聽命於各組指揮官部署到市內主要的據點。由於武裝市民軍的步步進逼到市中心，逼使戒嚴軍決定在下午五點半全部撤退到光州城外，市民軍於是占領了道廳大樓。

一些市民開車到光州的外圍城市，向城外的民眾簡報光州市內的狀況。由於光州完全遭到孤立，市民於是自己扛下治安與防衛的任務。在這段自治期間，光州市內一件犯罪事件都沒有發生，他們是一群秩序井然的民主鬥士，絕非作亂的暴民或盜匪。而家庭主婦也主動做飯菜送飲料給群眾；死傷人數大增造成所有醫院人滿為患之後，讓醫生與護士為了救人而疲於奔命；許多沒能參加第一線示威的主婦、女學生等，則都趕到醫院要捐血救人。紅十字醫院附近的酒家女，也高喊著，「我們可以捐出乾淨的血」。

五月二十一日戒嚴軍撤出光州，固然是武裝的市民軍進逼的結果，但另一方面則是戒嚴軍戰術上的策略運用。新軍部已經對光州作戰有了階段性的作戰規劃，也就是「封鎖／內部騷亂／最後鎮壓」的步驟。

空降特種部隊軍人揮棍毆打路人

戒嚴軍撤退、市民軍占領道廳之後，好奇的市民在二十二日紛紛出來錦南路一探究竟。他們發揮高度的公民精神，自動自發地掃除路上遺留的器物殘骸，恢復市容的乾淨。同時，參加前一晚防衛戰鬥的市民軍，則在光州公園重新整編。他們現在的任務是控管組織與兵員，以因應戒嚴軍的反擊，並維持市內的治安。他們把道廳一樓的總務課當做「作戰狀況室」，用來指揮調度戰情；也組成一支機動打擊部隊，隨時出動到郊區支援戰況需要。戒嚴軍則在城外七個據點部署坦克與裝甲車，將這些進出光州市的要衢封鎖住，兵員則埋伏在山野間，遇到市民通過時就開槍格殺。所以一直到二十三日，郊外地區間歇會傳出槍聲。

市民繼續在道廳前聚集，等待市民軍發表因應對策。二十二日中午時分，二十位各界人士包括：神父、牧師、教授、政治人物等組成「五一八收拾對策委員會」；當天晚間，學生也組成「學生收拾對策委員會」。

仕紳組成的收拾委員會主要是擔任與戒嚴軍的談判工作，學生收拾委員會則負責對市民的實務工作。學生收拾委員會設立了葬禮組、宣傳組、車輛管制組、武器回收組等。他們向群眾大力宣傳對戒嚴軍提出的七項要求，並且管制在路上橫行的市民軍車輛，並規勸一般市民繳回武器，當晚一共回收了三百多支槍械。

兩個委員會原本各司其職，合作無間，但是戒嚴軍完全不接受他們的要求條件，反而要市民先解除武裝，造成兩個收拾委員會內部開始形成「強硬

路人向鎮暴軍人下跪，央求停止殺戮

派」與「穩健派」的對立。兩個委員會內的「穩健派」（其實是「投降派」）都被驅逐出去，由強硬的主戰派掌控了主導權。

主要是對於事件如何收拾，意見相當分歧。雙方爭議最大的部分，是回收武器的問題。穩健派主張為了防止事態更加惡化，應該回收武器並與政府妥協；主戰派則堅持決死抗戰，直到政府方面先撤退，解除戒嚴令，釋放被逮捕的人，停止操控新聞等他們要求的條件全部落實為止。

和、戰兩派的衝突正式表面化。除了收拾委員會內部的衝突，市民軍跟委員會也有著尖銳的意見對立，到二十四日終於因為無法妥協而分道揚鑣。收拾委員會內部兩派意見的對立，其實也是特務潛伏，而遭到分化與擾亂的結果。當時市井間已有傳聞，事後證實情治單位確實混進收拾委員會裡。

二十三日上午，市內商家陸續開門營業。十點鐘時，道廳前廣場仍聚集了五萬群眾。道廳對面的「尚武體育館」裡，罹難者的棺木整齊地陳列在地板上，每具棺木上都覆蓋了國旗。由於棺木不夠，許多屍體沒有入殮就被掩埋到無名塚。尚武館也為死者設置了靈位，讓市民排隊焚香祭悼。

光州市民展現的自治精神與同胞愛，在這一艱困的時機，尤其讓人感動。原本醫院因為大量的傷患需要輸血，而呼籲大家捐血救人，但後來因為捐血太多用不完而剩下不少。而且，在治安吃緊之際，也沒有人趁火打劫，沒有一家銀行或珠寶店被搶劫，這段期間的犯罪率比平常還要低。收拾委員會與市民軍的開銷，都是靠一般市民的慷慨解囊來支應。三、四百人的市民軍與指揮部的伙食，也都是市民自動自發從家裡煮好飯菜帶到道廳給大家食用。雖然領導階層後來因為意見對立而分裂，但是市民仍堅守各自的本分，展現超高水準的自制與道德勇氣。

當天，來自各國的記者都在第一線認真採訪。市民軍希望國際媒體能報導更多的真相，讓外界知道光州的悲劇。但是他們對歪曲報導新聞，而且被當局御用的國內媒體則非常不友善，嚴格管制他們進入道廳的指揮總部採訪。

當時掌握政權的新軍部勢力，把光州的民主化運動定性為「激進分子與暴徒所主導的動亂」而採取強硬鎮壓對策。並將光州地區對外的通訊與交通完全斷絕與隔離，要對光州採取「封鎖孤島」作戰。

二十五日晚間，所有的「穩健派」（投降派）被逐出道廳之後，終於組成了決心戰鬥到底的抗爭指揮部。這個新的指揮部，是由學生收拾委員會的主戰派與學運分子，以及這

市民軍刻鋼板油印「鬥士會報」傳單

段期間一些活躍於第一線武裝對抗的市民所組成。由於需要與戒嚴軍對抗，因此新指揮部不再回收武器，他們也致力於道廳內指揮體系的確立，以及讓市民盡快恢復正常生活。

他們的策略是「一面鬥爭，一面談判」。一方面建立自衛隊的作戰與防衛機制，另一方面則以「將引爆道廳內軍火庫的炸藥」做為談判時的威脅條件（事實上，到當時為止，他們並不知道火藥的雷管都被拆除了）。儘管他們也做了長期抗戰的準備，但是並未具有長期的展望或嚴密的計畫，以這群烏合之眾又是臨時才組成的雜牌軍，根本也不可能有細密的規劃作業。

撤退到光州外圍的戒嚴軍，於二十六日清晨五點在坦克的前導之下從農成洞大舉挺進光州市內，準備展開全面的鎮壓殺戮作戰。市民從奪自戒嚴軍的無線電報機偷聽到戒嚴軍的動態，紛紛奔走相告。市民軍於是下達緊急命令要大家戒備。兩位市民收拾委員會成員的神父與牧師，迅即趕到第一線，躺在路上要阻擋坦克車的前進。但是坦克碾過市民軍設下的路障，一直挺進到市內才擺成陣式要待命出擊。

二十六日夜間，許多人紛紛從道廳逃出。他們是聽到戒嚴軍進城的消息，而離開這個將

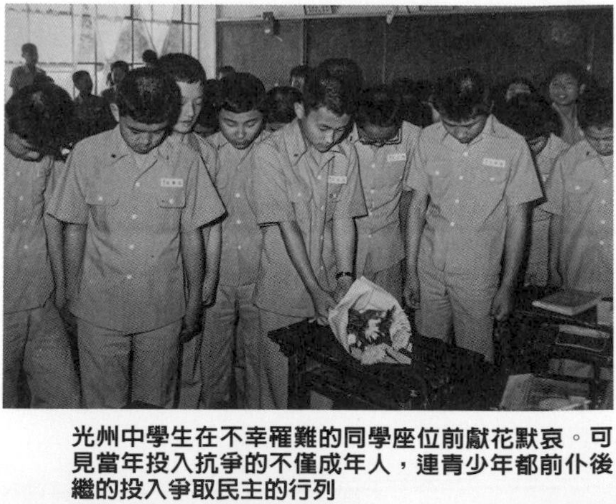

光州中學生在不幸罹難的同學座位前獻花默哀。可見當年投入抗爭的不僅成年人，連青少年都前仆後繼的投入爭取民主的行列

遭攻擊的目標。指揮部也沒有挽留他們，因為指揮部已經在市民動員大會上宣布，只需要戰鬥到底的人留下來。因此，最後留下來與抗爭指揮部一起作戰的人，大約是一百五十人。其中八十多人是會操作槍枝的人，其他六十多人是高中生或從無軍訓經驗的年輕人，包括了十多名女學生。

後來公開的軍方資料顯示，戒嚴軍的忠貞作戰分成五個階段，第一階段是五月十七日之前，由警力來執行示威鎮壓作戰；第二階段是五月十八日至二十一日，由戒嚴軍來解散示威與鎮壓作戰；第三階段是五月二十二日至二十三日，是封鎖道路與孤立光州作戰；第四階段是五月二十四日至二十六日，是宣導安撫工作與尚武忠貞作戰準備；第五階段是五月二十七日，是尚武忠貞作戰的執行。

新軍部在五月二十一日的對策會議中，就決定空降部隊重新部署在光州外圍，「五月二十三日以後展開暴徒掃蕩作戰」。於是軍方各自分頭展開準備作業，要將光州市民的抵抗做澈底的殲滅，也就是經由第五階段的「尚武忠貞作戰」要扼殺光州人的抗爭意志來完成忠貞作戰。軍方並指派第三

婦女準備簡單的飯糰及飲料，提供給市民軍食用

空降旅第十一大隊的一個區隊（官兵共八十人），擔任鎮壓道廳作戰的特攻隊，他們還配發了手榴彈等重裝備。這場作戰出動的兵力共約一萬一千多人。

空降部隊的特攻隊在二十六日下午六點完成了掃蕩道廳的預習演練，然後在當晚十一點開始移動，二十七日凌晨一點半左右，集結在朝鮮大學的後山，經過最後的任務檢閱之後，分別在三點與三點半隱密進駐市內的主要攻擊據點。來自三個空降旅總共約四百名官兵的特攻隊，並未穿著特戰部隊的迷彩制服，而是穿著一般步兵的戰鬥服，並且配發防彈衣。

第二十空降師的四千名兵力也做好準備，等待作戰命令的下達。他們在光州外圍部署完成封鎖線之後，就從清晨三點半將全師的兵力推進到包圍市中心的攻擊發起線，將包圍網縮小到市內。

同時，市民軍指揮部在二十六日晚間召開市民動員大會之後，就將志願戰鬥到最後的一百五十人與原先的市民軍分隊編組，部署到道廳周邊的主要據點。

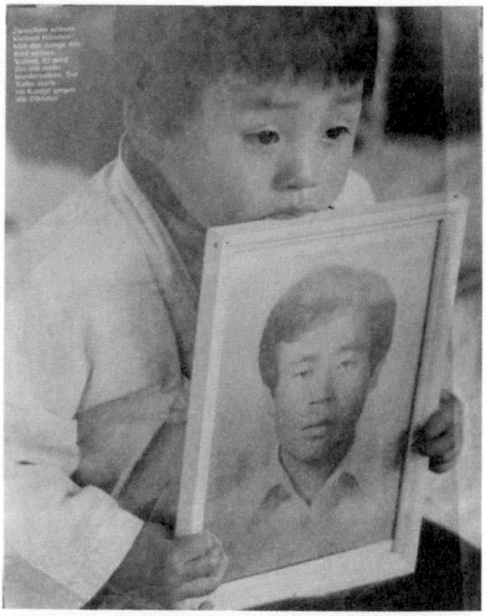

當時這位小男孩大約三歲，透露悲傷絕望的眼神，卻又不哭鬧地端拿著自己父親的遺像的一幕，成為光州民主化運動最經典的照片之一。40 年過去，現在這名小男孩已是光州市教育廳的職員，負責的工作正是協助光州事件遺族的相關業務，近年已不接受採訪或拜訪，因為對他而言，每談一次，就像是結痂的傷口再度被掀開一樣的痛苦

戒嚴軍則在作戰開始之前，將光州連結全羅南道一帶的電話線路完全切斷，接著也把光州的市內電話斷話。抗爭指揮部是在斷話之前，接到市民的通報，知道戒嚴軍入城的消息，所以下令戒備。宣傳組則決定，要在最後一刻之前盡量廣為通知市民。

朴英順與李敬姬兩位小姐於是跳上宣傳車，到清晨三點鐘巡迴光州市內各地用擴音器昭告市民。「各位市民，現在戒嚴軍打進來了。我們摯愛的兄弟姊妹，將會死在戒嚴軍的槍下，我們要跟戒嚴軍戰鬥到最後，我們要死守光州，我們要戰到最後，請不要忘記我們……。」她們哀戚的吶喊，到後來還久久迴盪在光州人的記憶裡。指揮部的戰情狀況室時時傳進來戒嚴軍動靜的最新情報。

二十七日清晨四點一過，槍聲開始響起。市民軍以兩三人一組，分別部署在道廳正面與側面的牆角，並且從一樓到三樓的窗邊俯視廣場的動靜。第三空降旅的特攻隊分成四組包圍道廳，其中一組翻越過道廳後牆開始猛烈掃射，接著來自四方的槍彈大作。攻進道廳的特攻隊，踢開每一個房間門之後就對內瘋狂射擊，頓時之間，道廳內成為人間煉獄，慘叫哀嚎聲不絕於耳。

在光州民主化運動 39 週年紀念儀式上重現當年廣播原音的朴英順女士

在槍聲與哀鳴聲中，有任何人跡動靜的地方，就會遭到槍擊。這正是「掃蕩暴徒作戰」。開火到大約到清晨五點十分，幾個主要據點已經被戒嚴軍完全鎮壓控制了；道廳是最後一場戰鬥，死守奮戰的市民軍幹部全部遭到格殺。前後一個半小時的掃蕩作戰結束，特攻隊掌控道廳之後移交給第二十師接管，這場歷時十天的光州民眾的民主化武裝抗爭終告落幕。

光州尚武體育館內暫置了一百多具罹難者棺木

光州民主化抗爭運動的過程，可以區分為五個局面。第一個局面是以五月十八日的學生示威為抗爭的發端。由於空降特戰部隊的血腥鎮壓，引起市民的激憤而加入學生的行列，示威因而發展成為全面抗爭。

第二個局面是從十九日開始，市民加入學生示威之後，發展到起義的型態。由於攻防戰轉趨激烈，軍警掌握了主要設施與聯外道路圍堵示威群眾，群眾則開始以汽油彈與石塊做初步的自衛武裝。

第三局面是從二十日開始，都市貧民與勞工積極參與，成為鬥爭的先頭部隊，進而發展成為武裝抗爭。在這過程中，媒體與公共機關被群眾縱火焚燒，戒嚴軍開槍發砲攻擊，群眾則以搶奪來的步槍展開武裝對抗；雖然示威群眾代表與全羅南道知事曾幾度談判，但以破局收場，戒嚴軍的開火鎮壓，導致死傷者遽增。

第四局面從二十一日下午開始，持卡賓槍的市民軍與戒嚴軍展開街頭槍戰，示威擴大到整個全羅南道地區；同時，為了突破包圍，市民軍也進入木浦、靈岩、長城、羅州等地。然後在二十二日上午展開總攻勢，將特戰部隊逐出道廳與道警察署，掌控了光州全市。

第五局面是從二十二日起，戒嚴軍重新占領光州市，一直到二十七日平定亂局為止。在此階段，市民軍為了確保治安而展開自治行動，從二十三日起每天召開「泛市民動員大會」確認鬥爭目標。但是此時組成的「收拾對策委員會」，卻以恢復原狀與事件收拾為主力，無視於弭平民意的要求，而與群眾發生齟齬。於是，群眾透過泛市民大會聲討收拾對策委員會，而在二十五日另外組成新的鬥爭指導部；同時，為了對抗戒嚴軍的武力鎮壓，市民軍組織了系統化的部隊。但是終究不敵二十七日零時開始發動的鎮壓攻勢，使得這場十天的抗爭在死傷無數的慘況下收場。

舊全羅南道廳與五一八民主廣場

如果看過由金相慶及李準基主演的《華麗的假期》這部電影，應該對於光州市民軍最後死守的「全羅南道廳」不陌生，甚至會有很深的感觸。有機會到現場參觀的話，或許你會覺得現場不若電影描述的場景來得那麼大，那是因為部分「別館」（面對道廳右手邊的部分）已被拆除一半，新建成了「亞洲文化殿堂」（ACC，Asia Culture Center）的通道。「亞洲文化殿堂」被定位為光州文化交流、藝術展演及文化研究的重要場地，似乎帶有將光州民主化運動透過藝文活動走出悲情的意味。

舊全羅南道廳是當時光州市民軍抗爭的指揮所，也是政府戒嚴軍與光州市民軍最後的激戰地點。原有的道廳可分為興建於日治時期的本館，與後來增建的兩側別館群，而別館群可說是當時最後堅守道廳的光州市民，死傷最為慘重的地點，因此為了新建「亞洲文化殿堂」拆除部分的別館，也引發了受難者家屬的不滿與抗議，因此從二〇〇八年起就在道廳附近進行多次抗議行動。

舊全羅南道廳可以說是五一八光州民主化運動的重要象徵，而道廳正前方，也就是現稱為五一八民主廣場的噴水池跟鐘塔，更可說是不會說話的兩位歷史見證者。

五一八民主廣場的噴水池是光州事件時市民抗爭的重要聚集地，它像是歷經風霜的老者一般，沉穩的待在原處，靜靜的陪伴與支持光州市民。

而高高在上的鐘塔，更像是現場的參與者。道廳前的這座鐘塔，是一九七一年日本府中青商會為了紀念光州辦理韓國全國會員大會所捐建的，後來也成為全羅南道廳前的重要地標，光州事件發生後，曾有國外報紙形容鐘塔像是目擊者，目睹了整個過程（The Clock

舊全羅南道廳與 518 民主廣場

位於舊全羅南道廳旁的「亞洲文化殿堂」（ACC, Asia Culture Center），部分是由原全羅南道廳「別館」所拆除後興建

從舊全羅南道廳的二樓窗戶往外看，正面前方的噴水池及鐘塔就像是兩位守護者

Tower Knows）。這樣的報導似乎踩到了軍事獨裁者的痛腳，在某一天的夜晚，偷偷的將它搬離了原地，放到農城廣場上。二〇一五年一月在光州市民的極力奔走下，鐘塔重新回到他原來的位置，幫助韓國人民及光州市民記住這一段不可遺忘的歷史與記憶。德國第一公共電視臺（NDR）記者辛茲彼得（Jürgen Hinzpeter）曾說過：「為後代子孫保存見證光州人民爭取民主自由的這座鐘塔絕對是至關重要的。因為它不僅是重要回憶，也是象徵韓國民主的起點。」

就在鐘塔正後方十層樓的大樓叫做「全日大樓」（전일빌딩），它是一九八〇年時即已存在全羅南道廳旁的少數高樓。近年在這棟大樓發現光州事件時留下約二百四十五個由上向下發射的彈孔痕跡，因此除了被新列入光州事件的史蹟之一，也是證明當初鎮壓軍隊從直昇機上開槍掃射的重要證物。雖然之前無論研究者或光州市民都有這樣的懷疑，但是缺乏直接證據，而這新事證的發現，讓當時的真相越來越清楚，也越來越殘忍。二〇一七年三月文在寅曾以總統候選人身分，在光州市長尹壯鉉與國際顧問宋永吉等人陪同下，親至全日大樓九樓與十樓的機關槍掃射彈痕處視

（昔）1980 年光州事件時的鐘塔與全日大樓

察。當選總統後，他也公開承諾會將此案，偕同當時多起婦女遭軍人性侵的事證重啟調查，追查出真相與原兇。

在最後死守全羅南道廳並殉難的市民軍中，其中有一位尹尚源烈士，他因為英語能力優異，因此除擔任市民軍發言人外，也可說是當時候國外媒體與市民軍的對口人員。他在罹難之後與戀人朴基順（一九七九年參與勞工抗爭時死亡，當時係國立全南大學國史教育系三年級生）於一九八二年二月舉行冥婚並合葬在光州望月洞墓園（現已遷葬在國立五一八民主墓園），當時文化界人士特別為他們創作了一首「獻給你的進行曲」，讓悼客們在現場高聲齊唱，而這首「獻給你的進行曲」至今已成為韓國社會運動的代表性歌曲。

獻給你的進行曲（朱立熙翻譯）

不惜愛情、名譽和名分
要奉獻一生 向前衝刺
我們曾經熱切地立下誓盟
同志已不知去向 只剩旗幟飛揚
直到重生的那一天 絕不要動搖

歲月儘管流逝　但山川知道
醒來之後呼喚的　那熱切的吶喊
我將向前衝刺　活著的弟兄　請跟我來
我將向前衝刺　活著的弟兄　請跟我來

在臺灣，也有一間建築物與舊全羅南道廳的命運非常類似，那就是位於高雄愛河畔的「高雄市立歷史博物館」。

高雄市立歷史博物館的前身是日治時期的「高雄市役所」，一九三八年興建、一九三九年完工使用，與興建於一九二五年的舊全羅南道廳本館可說是同一時期的建築，也稱得上是「難兄難弟」。一九四五年二次世界大戰結束後，續用為高雄市政府的辦公處所，直到一九九二年高雄市政府將行政中心遷移至苓雅區（現高雄市政府四維行政中心），才從政府官署的身分功成身退。一九九八年十月二十五日高雄市立歷史博物館開館，成為臺灣第一座由地方政府經營的歷史博物館至今。

高雄市立歷史博物館（舊高雄市政府）外觀

而這棟充滿日治時期帝冠式特色的建築物，在二二八事件時期，是全臺唯一被攻擊的政府官廳。一九四七年三月六日，當時的高雄市長黃仲圖與議長彭清靠等七人，代表高雄市各界至壽山要塞與彭孟緝司令協商，但彭孟緝以協商代表帶槍欲刺殺他為由，將其中三名當場槍殺，拘留其他人員（黃仲圖、彭清靠與電力公司代表李佛續獲得釋放，凃光明、曾豐明、范滄榕三人當場槍決，苓雅區長林界於三月二十一日左右被槍殺，棄屍於壽山要塞外瓦礫堆），並下達軍令兵分兩路攻擊火車站及市政府。

其中從壽山出發的高雄要塞守備大隊陳國儒部，抵達市政府後即進行全面攻打，市府禮堂裡面的參議員、地方仕紳及民眾等約五、六十人遭到槍殺，軍隊也向民眾躲藏的防空壕丟擲躲手榴彈，跳入一旁愛河躲藏的民眾也遭軍隊無情地開槍掃射。市政府瞬間成為人間煉獄，血流成河、死傷慘重，其慘況不下於一九八〇年光州事件時的全羅南道廳。

【歷史小教室】發生於一九七九年的「美麗島事件」與「光州事件」相隔不到半年，你認為兩者有合相似之處？又分別為臺韓兩國民主化的發展帶來什麼樣的影響？

舊高雄市政府門廊，充滿著斑駁的補土痕跡，原是軍隊槍擊的彈孔

五一八民主化運動紀錄館

錦南路在五一八民主化運動期間是相當重要的指標地點，它是前往全羅南道廳前廣場的必經之地，也是舉辦示威遊行與戒嚴軍鎮壓光州市民的場域所在。在一九八〇年五月二十日下午，超過一百輛以上的計程車與公車等各種車輛參加了學生的示威，就聚集在錦南路上。

每年五月十七日至十八日錦南路固定封街舉辦「前夜祭」及相關紀念的大型聚會，而這樣的大型聚會總會聚集相當多的人潮，臺上會有不同的節目或演講進行，臺下聚集的團體則是各自高舉代表的旗幟以及標語，場面顯得十分熱鬧且壯觀。

從全羅道廳沿著錦南路步行數百公尺即可抵達「五一八民主運動紀念館」，這裡詳實地保存五一八民主化運動的相關紀錄，包含紀錄著當年爆發與鎮壓的相關資料、文件、錄音、口述文件、學術著作、文化表徵、政府官方機構及軍事資料、市民證詞、記者文字與影像紀錄以及受害者醫療記錄等四千二百本書籍、八十六萬頁紙張與近四千張的圖片記錄，而這些珍貴的資料已被聯合國教科文組織（UNESCO）在二〇一一年的五月列入《世界記錄遺產》之中。

這座由原天主教中心大樓轉變而成的民主化運動紀錄館，除了負責管理相關紀錄，另透過研究與展覽推廣人權與民主化教育。紀錄館一共有七層樓，一至六樓為展示及研究空間，除了展廳外，還設有圖書館（四樓）及收藏館（五樓）。七樓設有多功能會議室於小型研討室，可以容納四十至一百人，除常用來舉辦人權與民主相關會議外，也鼓勵市民借用舉辦活動。

二〇二〇年五月初，紀錄館將把他們的收藏文獻搬到首爾光化門旁的「大韓民國歷史博物館」辦理光州民主化運動四十週年的特展，讓民主人權的記憶，透過展覽，讓更多韓國人民保存於心中，並附有教育傳承的意味。

位於錦南路上的 518 民主化運動紀念館

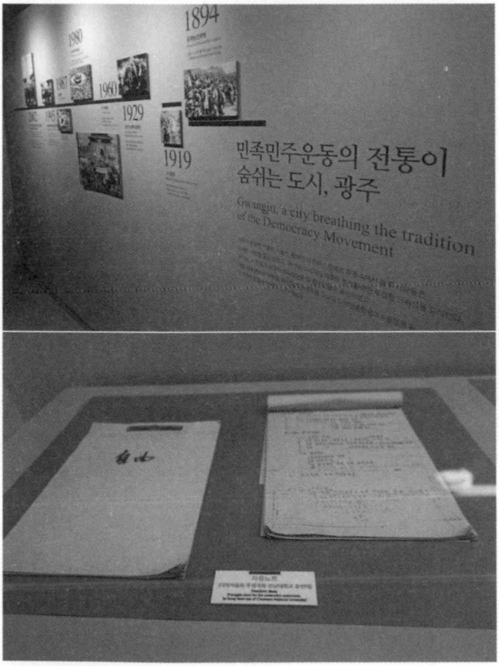

518 民主化運動紀錄館內展示光州市民追求民主化的相關圖表、照片及資料等

五一八紀念基金會與五一八紀念公園

五一八紀念公園裡的主要建築物另有兩部分。一棟是「五一八紀念文化中心」，除了是「五一八基金會」的行政辦公地點外，也有藝文展演及展示空間。五一八基金會任務主要在追求真相，以及交流、研究。但針對社會上一些對五一八事件扭曲、毀謗事件，也會領頭站到第一線與扭曲事實者提出訴訟或進行抗爭，並和市民團體合作為事件事實進行導正。基金會也針對不同年齡層製作了很多補充教材，讓韓國學生除了歷史課本上分量不多，甚至不夠清楚敘述光州民主化運動的內容外，也能獲得正確及詳盡的知識。

另外一部分是「追慕昇華空間」，其外觀有一座巨大的三人黑色雕像，象徵光州市民胼手胝足，扛起國家民族的重大使命，後面有個一樣是黑色的入口，通往地下的悼念空間。走到塑像正面，會很驚訝的發現，原來入口的設計是斜插在地面的棺材造型，而那三人塑像在某個角度就像是奮力想扛起棺材的人，象徵光州市民對於光州民主化歷程的真相還不想就此蓋棺論定，期盼能繼續追求真相。而二〇一八年底，的確又有兩個新事證的出現，檢調於是著手重新調查，希望讓真相越來越清晰，達到轉型正義的目標。

而走入入口可通往地下的悼念空間，地下室用黑色大理石雕刻了受難者名字，前方一座母親抱著孩童仰望天空的雕像佇立在石碑前，愛與傷痛的對照顯示出光州市民遭受到的的苦痛，也讓參觀者心情沉重。

518 紀念文化中心外觀

追慕昇華空間外觀

地下的悼念空間用黑色大理石雕刻了受難者名字，前方一座母親抱著孩童仰望天空的雕像佇立在石碑前

五一八自由公園

位於金大中國際會議中心旁的五一八自由公園，裡面有一個區域完整重現了當年光州尚武臺營區。尚武臺為當時光州陸軍戰鬥兵和教育司令部所在地，光州事件後用以關押遭逮捕的光州市民軍。尚武臺營區後來由軍方捐出，成為光州市後來新興的開發地帶，因此近年為開發集合式住宅，便將原貌遷至五一八自由公園現址重建。

進入公園前，會先看到一塊倒置的大石頭，這是由全斗煥總統親題，藉以鼓勵當初曾經參與鎮壓光州事件的軍隊，上面寫著「先進的祖國先鋒，大統領全斗煥」之字。這個大石碑原本置放在光州某處軍營裡，但因為當地人認為全斗煥是光州事件屠殺的原兇，因此便將紀念碑遷移至此地並倒立置放、讓人踐踏，可見光州市民對全斗煥這個獨裁者有多麼痛恨。二〇一九年十二月，相關團體也在首爾光化門廣場展出全斗煥的下跪銅像，並宣稱直到全斗煥重新被捕後才會撤除。

這個園區主要舉辦體驗教育活動，讓光州地區的學生及各地訪客，能夠透過導覽員的引導，親身體驗當初光州市民從進入牢房，到被關押、審判，甚至是被審訊及刑求的痛苦過程。而這些身著軍服的導覽人員，其實他們都是當時曾被逮捕的市民軍，他們著軍服扮演當初管理他們的軍警，忠實地重現原貌。因為都是當事者，所以導覽人員總是會生動地講述事件發生歷程，他們從當年五月十七日宣布隔日戒嚴，停止一切政治活動，並進行媒體審查說起。再咬牙切齒地描述當年政府以代號為「華麗的假期」的鎮壓行動，派遣空降特種作戰部隊來到光州進行無差別鎮壓，聽者總是不寒而慄。而當時被捉到這裡審問的市民約有三千人左右，管理的軍人總是遮住名牌，甚至不配戴名牌，以各種方式進行刑求逼供。

展示區域裡小小的牢房中重現當時犯人被關的景象，每個狹小的房間竟最多可收容到一百五十人，人人必須或躺或站地輪流睡覺，彼此不能講話，甚至一天只提供兩餐，也不能

518 自由公園

518 自由公園裡重現了當年光州尚武臺營區

園區前全斗煥提字的紀念碑倒立置放、讓人踐踏，可見光州市民對全斗煥這個獨裁者有多麼痛恨

透過體驗式教育，讓青年學子體會當年市民軍被不當監禁的痛苦，進而瞭解自由與人權之可貴

身著軍服的解說員，其實正是背後照片中接受軍事審判的真實人物

518 自由公園的北斗七星碑，其中天樞與天璇的位置，就是「獻給你的進行曲」冥婚男女主角尹尚源及朴基順烈士的圖像

和家人聯絡接觸。而這違反基本人權，並不合人性的非法羈押，使得原本充滿正義感的光州英雄，頓時成了任人魚肉的階下囚。這個場域成立目的是希望對後代，尤其是光州地區的學生能產生教育功能，讓下一代知道並記得當年國家暴力下的悲劇，也牢牢記住當初那群挺身而出、熱愛腳底下這片土地，並勇敢為此犧牲的光州市民。

五一八自由公園裡另有一座別具意義的紀念碑，此碑以北斗七星為發想，頌揚與五一八事件相關的七位政治受難者，而其中天樞與天璇的位置，就是「獻給你的進行曲」冥婚男女主角尹尚源及朴基順烈士的圖像。此碑設立目的是希望這些優秀的先賢先烈能夠如同夜星般照亮眾人、保護光州，並成為光州學子的典範。

望月洞墓園（五一八舊墓園）

原來葬在望月洞墓園的五一八罹難烈士，一九九七年已多數遷葬到「國立五一八民主墓園」，但在望月洞墓園中尚有許多位為韓國民主或勞工運動犧牲的人長眠於此。

望月洞墓園入口處有一塊被埋在地上，不算是很起眼的石碑，這塊石碑與光州事件的原兇全斗煥有很大的關連。全斗煥在光州事件發生一年後造訪光州，當時他住宿在一位當地仕

1987 年韓國民主化運動風起雲湧時，被軍警催淚彈打成腦死的延世大學學生李韓烈之墓，他也是電影《1987：黎明到來的那一天》姜東元所飾演的角色原型

2015 年因不滿前總統朴槿惠政權，上街參與抗爭而被鎮暴水車發射出的強力水柱打到腦死一年後逝世的農民白南基墓塚

辛茲彼得在韓國被稱為「藍眼珠的目擊者」，也是 2017 年賣座電影《我只是個計程車司機》裡的德國第一電視台記者原型人物

紳的別墅，這位仕紳很得意地想炫耀總統住過他家，因此刻石立碑為記。後來被其他人發現這塊石碑的存在，他們憤怒的將石碑強拆下來後放在望月洞墓園入口。所以幾乎每位進出墓園的人們，都總會用力地踐踏這塊石碑，表示出他們對劊子手的憤怒與不屑。

每年五月十八日，在此可以看到諸多社運團體前來表達追思之意。當天在這一片墓園中有三個墓塚聚集的人群總是特別多，一個是一九八七年韓國六月民主運動風起雲湧時，被軍警催淚彈打成腦死的延世大學學生李韓烈之墓，他也是電影《一九八七：黎明到來的那一天》姜東元所飾演的角色原型。若把當年一月十四日在南營洞被水行致死的朴鍾哲事件視為六月民主運動的引爆點，六月九日李韓烈的犧牲則是激化群眾、加強抗爭力度的關鍵。據統計，在六月民主運動中，群眾集會約二千一百四十五次，而為了民主抗爭上街的韓國人民人次更是高達八百三十萬人次，逼得原本堅持「護憲」的全斗煥政府不得不改變態度，並由全斗煥指定的接班人盧泰愚在六月二十九日發表「民主化宣言」，除解除一切管制外，並應允實行修憲與實施總統直選。隨後舉行公民投票修改憲法，恢復總統和國會的直接選舉，此制度一直延續至今，成為現今韓國民主制度的重要法源基礎。

第二個則是二〇一五年因不滿前總統朴槿惠政權，上街參與抗爭而被鎮暴水車發射出的強力水柱打到腦死，並於事發一年後逝世的白南基老先生墓塚。當年六十九歲的白南基老先生，遭強力水柱直擊頭部，而現場多家媒體皆拍攝到此震撼的時刻，不僅震驚韓國人，此畫面也散布到世界各地，引起全球關注。

而臺灣人最熟知的，莫過於一九八〇年突破政府封鎖線，將光州民主化運動公諸於世，讓世界知道韓國政府正在殘忍鎮壓國民的「辛茲彼得」衣冠塚。辛茲彼得在韓國被稱為「藍眼珠的目擊者」，也是二〇一七年賣座電影《我只是個計程車司機》裡敘述的德國第一公共電視臺記者。他與錄音師在當年光州事件發生時，搭乘由「金士福」所駕駛的計程車，兩次冒險進出光州，將現場情況影像突破種種難關帶回東京，並傳送給所屬的電視臺，讓全世界都知道這個原本差點被韓國政府刻意封鎖、隱瞞的第一手消息。辛茲彼得一直視光州為他生命中非常重要的地方，因此生前曾經表達死後想葬在光州的願望，後來透過五一八基金會，將他的部分頭髮及衣物進行保存。二〇一六年辛茲彼得逝世後，基金會便將這一位德國籍的光州英雄的遺願落實，把他的衣冠塚安厝在望月洞墓園的入口附近，永遠陪伴光州市民，並保佑光州永遠和平。

在望月洞墓園裡的韓國國旗旗桿，終年降著半旗，除了表示悼念這些為民主、自由、人權而犧牲的烈士，也表達人民及家屬永久的追思與不捨。

《我只是個計程車司機》：從辛茲彼得與金士福談起

二〇一七年《我只是個計程車司機（택시운전사）》這部電影在韓國及臺灣上映後吸引許多人的目光，票房上獲得驚人的成績，屢屢創下韓國影史的各項紀錄，它除了是韓國影史上首日票房的最高紀錄（近七十萬人次），也是二〇一七年韓國最賣座的電影，直到目前為止，它還是韓國影史賣座電影的前十名之一。而在臺灣《我只是個計程車司機》也同樣熱賣，片商因此受到激勵，甚至將二〇〇七在韓國上映，由金相慶及李準基領銜主演，同樣敘述光州民主化運動的《華麗的假期》一片在臺發行上映。

《我只是個計程車司機》主要敘述在一九八〇年光州事件時，政府軍為封鎖消息，除了派用軍隊將出入光州的必經之道進行管制外，並調派空降部隊鎮壓抗議全斗煥政變、追求真正民主的光州市民。在有關光州的消息都被封鎖的情況下，辛茲彼得從首爾搭乘金士福所駕駛的黑色計程車進入光州

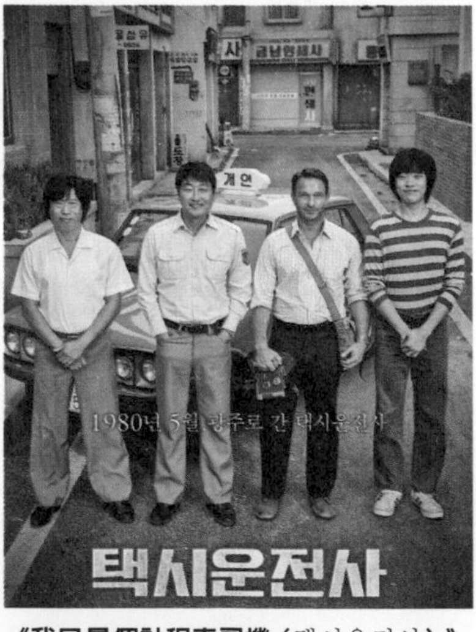

《我只是個計程車司機（택시운전사）》電影海報

採訪，將光州第一手的影像帶到日本，並傳送回德國電視臺進行播出，讓整個事件從壓力鍋炸開，能夠公諸於世，讓全世界知道光州市民對抗國家暴力的勇氣與傷痛。

電影上映後，無論臺灣或韓國，後續對於電影主角——辛茲彼得以及計程車司機金士福的經歷及背景也充滿了好奇。雖說該片是真人真事改編，但直到電影上映，那位在一九八〇年協助辛茲彼得將光州事件消息公諸於世的計程車司機的真實身分與資料卻都付之闕如，甚至連「金士福」這個名字是不是真名都不確定。其實一九八六年，也就是光州事件發生後六年，辛茲彼得曾經回到韓國，並嘗試尋找這位勇敢和他並肩作戰的計程車司機，不僅毫無音訊，辛茲彼得本人也在光化門廣場附近被韓國特務盯上，慘遭捉捕且對他施以酷刑，致使他留下終身性的脊椎傷害。也因此，除了「金士福」這個疑似的假名外，電影中所有對於計程車司機的背景幾乎都是虛構。不幸的是，辛茲彼得在電影上映前一年逝世，沒有親眼見到韓國民眾重新回憶起他這位被稱為「藍眼珠的目擊者」的盛況，但辛茲彼得的遺孀，在首爾首映的當天，也親自從德國來到韓國參與，並且也到光州拜訪辛茲彼得位於望月洞墓園的衣冠塚。

隨著電影的熱賣及後續的迴響，整個韓國社會又燃起一股

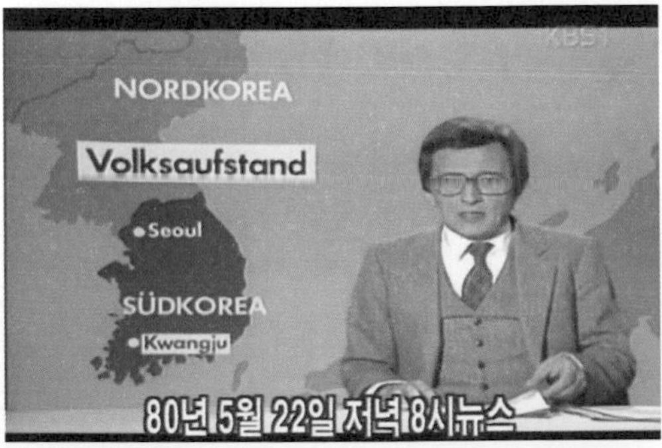

辛茲彼得與金士福突破重重關卡帶出的珍貴影像，在德國第一公共電視臺獨家播出的畫面

想瞭解計程車機司機背景的氛圍，有些媒體就開始進行尋人任務。後來有一位叫金承必的中年人出面聲稱他的父親就是這位國民英雄，並拿出他父親留下來的照片及資料作比對，最關鍵的一張照片就是他父親與辛茲彼得及錄音師的合照，確認了他的父親就是這位「鼎鼎有名的無名英雄」無誤，而其真實姓名就是「金士福」。名字無誤，除了再次確定金士福的勇氣，面對當時的獨裁政府，依然行不改名、坐不改姓外，也延伸出一個問題，既然名字無誤，為什麼一九八六年辛茲彼得回到韓國，透過各種管道還是找不到人？從金承必提供的資訊中得知，原來金士福自從一九八〇年參與辛茲彼得的兩次拍攝行動後，因為親眼所見自己國家的人民，被國家軍隊無情的射殺的慘況後，疑似有創傷後症候群的症狀，常用酒精麻醉自己，所以光州事件發生後四年，也就是一九八四年就因罹患肝癌而病逝，難怪辛茲彼得直到二〇一六年逝世前都留下無法再與金士福見上一面的遺憾。不過隨著金士福的背景一一被揭開，一九八〇年這兩位突破封鎖線，成功將消息公諸世的英雄事蹟，總算找到了塵封近四十年的最後一塊拼圖。二〇一九年，金士福的家屬原本有意在五一八光州民主化運動三十九週年紀念儀式前夕，將金士福遷葬到望月洞墓園，讓暌違近四十年的兩位故人以不同的形式再次重逢，但是由於地點及相關配套未能談妥，所以最終未能如願。

韓國電影一向擅於拋出社會議題，而往往在韓國國內甚至其他國家上映後，都能得到出乎預期的迴響，甚至能因重新喚起民眾記憶或是得到輿論的支持，而使原本停滯或不再被注意的事件，重新獲得重視，例如改編自同名小說的《熔爐》，上映後重新喚醒韓國人民對片中所敘述聾啞學校性侵事件的重視，迫於輿論壓力，韓國檢調成立專責小組重新調查，並且推動《熔爐法》的立法，對身障者的性侵可以加重判處到無期徒刑。而同樣由《我只是個計程車司機》主角宋康昊所出演的《正義辯護人》，以韓國前總統盧武鉉在釜山擔任律師時所經手的「釜林讀書會事件」為原型，電影播出後重新受到各界矚目，而此案當事人竟也因此在多年後獲得名譽平反。而臺灣的影視作品，則鮮少有像上述韓國電影一般，能有轉型正義之功能與內容，進而帶動民主化的落實。轉型正義的重要性不在於清算鬥爭，而是幫助人民記取教訓，別再讓悲劇重演，所以無論是建置紀念碑、紀念館、博物館，還是藝文作品，都是從教育觀點出發，期盼人權及民主的種子深埋在每一代人的心中。

除了電影外，每年五月十八日在國立五一八民主墓園（新墓園）辦理的光州民主化運動紀念儀式也是韓國教育民眾民主果實得來不易的重要儀典時刻。二〇一九年是光州民主化運動的三十九週年，我國教育部派出的官員、人權團體代表及高中人權教師一行共二十五人，是這一次參與紀念儀式中人數最多的國外團體，因此被安排在ＶＶＩＰ區後的最前面位置，不過場地因當

辛茲彼得（前排左）與金士福（前排右）合照，左後為同行電視台錄音師

天下雨而顯得有些泥濘，正當我們注意腳下的水窪及汙泥時，同時也發現雨勢小了，甚至原本烏雲密布的天空，也出現了破口，露出難得的陽光及藍天。天氣這樣急遽的改變，令在場的所有人都覺得有些驚訝，感覺上蒼也感受到在場上萬人希望能為民主先烈致上最誠摯敬意的心情，似乎深受感動而撥雲見日想讓儀式順利進行。

這次紀念大會的標語是「五月的光州　正義的韓國」，揭示光州民主化運動對於近代韓國民主發展的重要性。當天上午十點，文在寅總統偕同夫人進入會場親自出席，這也是繼二〇一七年文在寅總統上任後，第二次親臨光州五一八民主化運動紀念儀式。紀念儀式正式開

2019 年 5 月 18 日光州民主化運動 39 週年紀念儀式會場

全場振臂合唱「獻給你的進行曲」

文在寅總統親臨主持並致詞

始後，首先所有參與人員仰望著國旗高唱韓國國歌。唱國歌這件事情除了是國家意識的凝聚外，對於光州事件其實也有著重要的意義，一九八〇年的五月二十一日全羅南道廳的戶外廣播擴音器，突然播放韓國國歌，現場示威抗議的民眾正跟著同聲歌唱時，戒嚴軍的子彈開始射向民眾，造成嚴重傷亡，而這也是光州最為悲傷的集體記憶之一。在罹難者代表致詞後，由五一八當時全南道廳最後廣播的進行者朴英順女士（電影《華麗的假期》女主角原型）以口述方式，搭配當時照片、影片及罹難者家屬的敘述形式播放開場影片，現場無論是罹難者家屬或是來賓，心情無一不受影響，尤其是後半段一位母親對著罹難兒子的墓碑說：「兒

老師帶著學生在尹尚源與朴基順合葬的墓前解說兩人悲劇性的愛情故事

現場可見許多學生在教師帶領之下參與紀念儀式

家屬們在紀念儀式後，感傷地在犧牲者墓前懷念過往

子，媽媽永遠會記住你最美好的時刻。」聞者莫不動容鼻酸。

文在寅總統在全長十四分鐘的致詞裡，多次強調追查真相的決心，尤其是針對去年發現的兩個新事證（在全羅南道廳附近的「全日大樓」，發現多處由上而下的機槍彈孔，可證明當時確有軍人搭乘直昇機操作機槍對市民開槍。另外一個則是多位婦女出庭作證當時遭到軍人性侵），強調政府勿枉勿縱的決心。文在寅總統致詞時多次哽咽，而現場來賓也熱烈鼓掌表示對文在寅政府的支持與肯定。文在寅現場以大韓民國總統的身分再次向光州市民及國人致歉，為當時政府濫用公權力的「野蠻暴力與屠殺」行為感到羞恥。文在寅也向受難者及其家屬致上哀悼之意，並將一九八〇年參與光州民主化運動的人尊稱為「真正愛國的公民」。

文在寅提到早在一九八八年即已將「光州事件」定調為「民主化運動」，全國對光州事件的意義已有共識，所以現在對光州事件的意義再有爭議只是毫無意義的政治消費。他會說到這一點，或許是因為這次紀念儀式的一個小插曲，與文在寅所屬陣營站在對立面的「自由韓國黨」黃教安黨主席也進到會場參與紀念儀式，除了蜂擁而上跟拍的媒體外，還有為數不少的光州市民也聲嘶力竭的表達不滿，希望黃教安能離開會場。典禮結束後，黃教安又被憤怒的光州市民跟示威團體包圍，從會場到門口，原本短短三分鐘路程，他大概走了二十分鐘才離開。不過身為右派政黨黨主席，出現在光州民主化運動紀念儀式的會場，想必他早就應該料想到這樣的局面，但就政治操作而言，他或許也達到他的目的，因為當天韓國各家電子媒體晚間的新聞，黃教安所占的版面，竟比親自出席紀念儀式，並代表政府道歉的文在寅總統還大。

會場裡也可發現有許多韓國當地學生在教師的帶領之下參與紀念儀式，正式儀典結束後，所有參與紀念儀式的來賓可以自由到祭壇前焚香或步行至民主墓園裡，對光州事件罹難的英靈以表追思，而一如所料，尹尚源與朴基順合葬的墳塚聚集最多人，尤其是學生團體，老師帶著學生在墓前解說兩人悲劇性的愛情故事。一九八二年二月家屬為他們舉行冥婚並合葬時，悼客們在現場高聲齊唱這首「獻給你的進行曲」，場面既淒涼又悲壯。此曲節奏慢時，淒美而莊嚴，節奏快時，卻又振振有詞般地能震撼人心，因此成為韓國街頭運動的戰歌，同時也是光州民主化運動的最具代表性的歌曲，每年紀念典禮中，除了韓國國歌外，這首「獻給你的進行曲」是唯一眾人起立合唱的歌曲，合唱時眾人皆舉起拳頭，隨著節奏振臂揮動，慷慨激昂，因此也有人說該曲也算的上是光州的另類「國歌」。「獻給你的進行曲」再次證明一點，藝文作品，包括電影、歌曲、畫作……等，是最能深入人心，潛移默化發揮教育功能的管道。

【歷史小教室】請問你覺得電影《我只是個計程車司機》和真實歷史有何不同之處？

國立五一八民主墓園

一九九三年五月十三日，當時剛上任的南韓總統金泳三發表特別談話，將光州事件定義為「五一八光州民主化運動」，同時針對光州五一八民主化運動提出具體補償措施。原本埋葬五一八犧牲者的望月洞墓園，其實環境跟腹地較為狹小，不利大型紀念與祭祀活動，因此政府為了讓金泳三總統所說的「具體補償」讓光州市民「有感」，相較於望月洞墓園的「新墓園」於一九九四年十一月一日開始動工興建，並於一九九七年五月十三日正式完工，當時的名稱是「五一八墓園」。而原本安葬於舊墓地（望月洞墓園）的五一八烈士英靈們陸續移靈。二〇〇二年七月二十七日升格為「國立墓園」，二〇〇六年一月三十日改稱「國立五一八民主墓園」至今，並由韓國「國家報勳處」負責經營管理。

墓園中最顯眼的，莫過於高聳的

「追慕館」中的意象作品，它代表的是塔身為兩手環抱模樣，中間設置了橢圓形的造型物，上面火炬燃燒，象徵新生命的復活，就像是希望的種子。「火炬」這樣的意象在韓國的民主運動中，往往具有極大的象徵意義

「追慕塔」。「追慕塔」高四十公尺，以雙手呵護蛋為造型，中間的蛋形造型物象徵得來不易的民主果實，也代表犧牲者高貴的英靈，以及即將誕生的新生命，而雙手造型象徵了祈禱之意。而進入追慕塔前廣場，會先經過「追念門」，追悼五一八英靈的犧牲與奉獻。追慕塔兩旁各有一座象徵當時市民軍及全體市民的塑像，象徵克服悲傷、追求正義並迎接屬於人民的勝利。

五一八民主墓園中設有「追慕館」，步入其中首先會看到「五一八民主化運動追慕塔」的意象作品，它代表的是塔身為兩手環抱模樣，中間設置了橢圓形的造型物，上面火炬燃

追慕塔兩旁各有一座象徵當時市民軍及全體市民的塑像，象徵克服悲傷、追求正義並迎接屬於人民的勝利

追慕館內展示情況

燒，象徵新生命的復活，就像是希望的種子。「火炬」這樣的意象在韓國的民主運動中，往往具有極大的象徵意義。

館中所展示的是一九八〇年光州市民為了對抗軍方的民主抗爭種種歷程。其中一面覆蓋在當時死難者棺木上，沾滿血跡的韓國國旗，令人不忍卒睹卻又印象深刻。還有因為被槍擊後永遠停駐時間的手錶、被拿來當武器的磚塊、軍人使用的棍棒與M十六步槍等見證光州事件的文物，都被完好的保存在館裡，讓參觀者深刻地感受當時的肅殺氣氛。在展示廳裡多處電視牆也不停的播放著當時的紀錄片，當時發生的情形歷歷在目，令參觀者莫不觸目驚心。館中模擬當時景象的石膏作品，也彷彿看到當年人們的無奈與心痛。

追慕館中的臺灣民主櫥窗，擺放著為 228 事件中不幸罹難者的照片及「二二八事件責任歸屬研究報告」，其中正面圖片是畫家陳澄波罹難後家屬所拍的照片

追慕館二樓出口附近有一個櫥窗空間，提供各國陳列展示人權侵害事件，臺灣的民主櫥窗中擺放著為二二八事件中不幸罹難者的照片及「二二八事件責任歸屬研究報告」，其中正面圖片是畫家陳澄波罹難後家屬所拍的照片，那寂靜中的無奈與悲痛，格外令人印象深刻及痛心。一整列各國櫥窗擺飾，看得出臺灣是最用心在布置這個民主櫥窗，期盼透過這小小的櫥窗，能將臺灣人權侵害的歷史與追求民主自由的努力也讓世界看到。

另外在歷史之門旁設有兒童體驗學習館，在這裡兒童可以透過遊戲與課程和家人一起體驗歷史，也培養下一代記住過去、把握現在及展望未來的情懷。

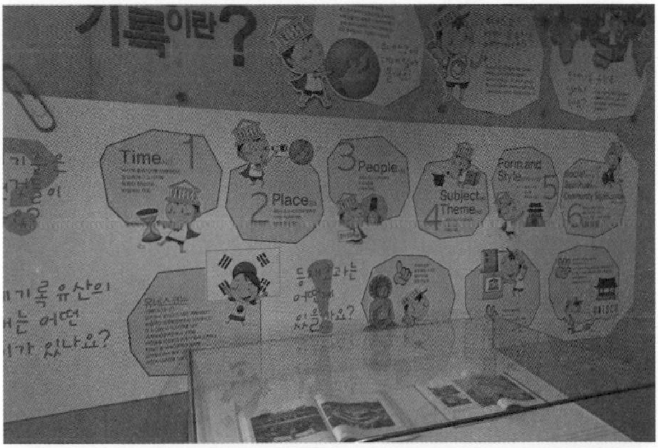

歷史之門旁設有兒童體驗學習館，在這裡兒童可以透過遊戲與課程和家人一起體驗歷史，也培養下一代記住過去、把握現在及展望未來的情懷

【歷史小教室】陳澄波是臺灣著名油畫家。二二八事件發生後，與嘉義地方仕紳和軍隊協商調停，卻被羅織罪名，後被槍殺於嘉義火車站前。他的罹難對臺灣藝術界的衝擊為何？

第五章　其他歷史地標

國民保（輔）導聯盟事件

韓國政府在處理「濟州四三」等剿共事件過程中，認為需要有一個保護、管束、監視左傾思想者的機關，藉以「對接觸左傾思想（共產主義）者進行思想再教育」、「進而予以保護及引導」，所以於一九四九年四月二十一日成立深具反共性質的「國民保導聯盟」，由國家直接管控國民思想，欲透過有效管制，使左傾思想勢力崩解。（註：「保」與「輔」的韓語發音相同，亦有人稱為「保導聯盟」。）

「國民保導聯盟」最初是由知名的「反共檢察官」吳制道所倡議，他起訴與掃蕩左派勢力不遺餘力，得到政府的大力支持，於是在南韓各地設置登記所，讓從北韓逃到南韓、而且曾經加入過朝鮮勞動黨（共產黨）的人去登記給予自新的機會。為了鼓勵登記，並發放白米、小麥等糧食或日用品，做為獎勵的誘因。

然而，國民保導聯盟成員複雜，儘管大部分都是具有左傾思想的人，但也有人只因為被懷疑提供左傾思想者物資而遭強制加入，甚有部分生活艱苦地區以糧食或肥料作為誘因，在連自己都不知道是怎麼回事的情況之下，就被迫簽名強行加入。

一九五〇年六月二十五日韓戰爆發，一開始韓國戰況處於不利局面，為避免拘禁於集中營的國民保導聯盟成員與北韓沆瀣一氣，而且成為撤退的包袱，或往後與北韓軍作戰的負擔，韓國政府在撤退的同時，索性下令由韓國國軍與反共極右派團體等，集體殺害國民保導聯盟成員，最知名的是韓戰期間，大田刑務所「保導聯盟」的盟員一千八百人遭到大屠殺並集體掩埋。據估計有二十萬人以上因而遇難，史稱「國民保導聯盟事件」。

然而，大部分死難者與共產黨關係甚淺，甚至毫不相關，且被害者並非僅限於死難者，至一九九〇年代為止，歷任軍事獨裁威權政府仍採行連坐法，致使保導聯盟成員家屬被列為監視對象，就業等活動權利遭受剝奪。由於受難者都是自己簽名、被登記造冊在案的成員，據估計盟員多達三十萬人，因此在民主化之後極少數人敢公開要求平反。

二〇〇八年盧武鉉總統承認此事件為國家濫用公權力非法殺害良民，正式向受難者家屬道歉。迄今，韓國各地每年仍為保導聯盟事件受難者舉行「聯合慰靈祭」，藉以撫慰受難者與家屬的心靈。二〇一五年十一月南韓最高法院首次判

大田刑務所的集體槍決與活埋

對保導聯盟盟員集體槍決

決，對巨濟島等地無辜受難者給予國家賠償。

吳制道（一九一七—二〇〇一）後來辭去檢察官成為執業律師。一九八三年五月五日卓長仁等六名劫機犯，劫持了中國民航客機到南韓，南韓政府依國際反劫機公約將劫機犯起訴，當時臺灣駐韓大使館就聘請了「反共律師」吳制道等人為他們辯護，但是只不過演出一場「官司秀」罷了。

一九九七年二月北韓叛逃到南韓的最高階幹部黃長燁，在一九九八年與吳制道結拜為反共的義兄弟。不過，吳制道在二〇〇一年死前，對保導聯盟犧牲太多無辜人命感到不安與懺悔。

【歷史小教室】保導聯盟與臺灣的白色恐怖有何異同？

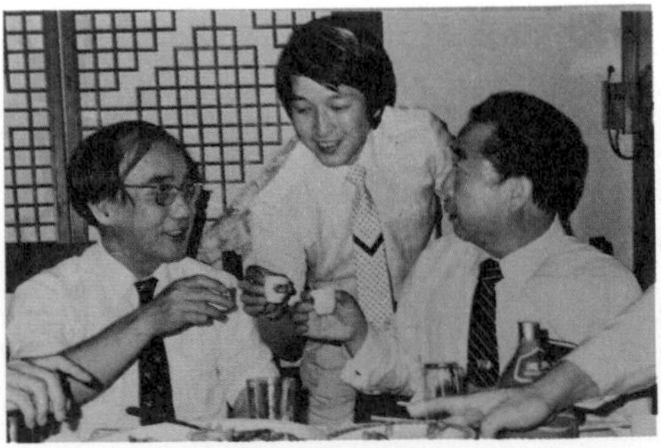

吳制道（左）與作者朱立熙（中）1983 年在餐會上

老斤里良民屠殺事件

一九五〇年六月二十五日北韓揮軍南侵，爆發了二戰之後最大規模的國際戰爭，為了阻擋共產勢力（北韓）的侵略，美軍來到韓國支援作戰，但就在韓戰爆發的一個月後，也就是一九五〇年七月二十五日至七月二十九日之間，美國為了自身作戰任務的便利，在老斤里地區（位於忠清北道永同郡黃澗面），以軍機從空中向五百至六百名難民進行砲擊轟炸，造成一百三十多人死亡，倖存下來的難民，又遭美軍以機關槍、步槍，歷經四天三夜，約七十多小時的射擊，造成四百多名手無寸鐵的無辜平民身亡。原本派來支援韓國的美國大兵，居然開槍射殺韓國平民，讓韓國人分不清美國究竟是友軍還是敵軍？尤其老斤里的英文名稱拼音為「NO-GUN RI」，「NO-GUN」兩字更讓整起事件更顯諷刺。

韓戰之後，韓國長期依賴美國的援助，韓國政府考量美韓

老斤里雙洞橋上仍留下累累彈痕

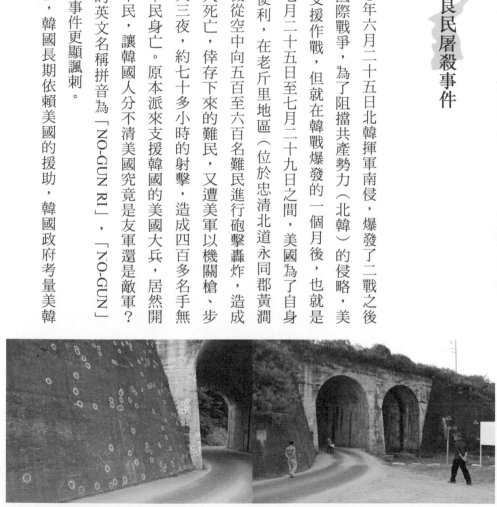

關係利益，迫使此事件成為禁忌，老斤里受難者的冤屈被迫消音。

屠殺事件首次被揭露，是在一九六〇年民主黨政府時期，受難者家屬鄭殷溶向美軍「申訴審查委員會」提出申訴，向美國政府要求正式道歉與損害賠償，但遭到美軍回覆：「已過時效，無法賠償」。老斤里事件繼續被埋在歷史迷霧中。

一九八七年韓國民主化後，老斤里事件的真相調查進度依舊緩慢，美韓政府的消極應對，讓受難者家屬心靈上受到二次傷害。

一九九四年四月，「老斤里良民虐殺對策委員會」委員長鄭殷溶出版了紀實小說《你們知道我們的傷痛嗎？》詳述了家屬的悲劇，才讓這悲慘的事件公諸於世。

注意到這事件的《韓民族新聞》，在當年五月四日刊登了老斤里居民的訪談報導，七月間又做了家家戶戶祭祀故人的圖片故事。接著，《真話》月刊開始對此事件做了全面採訪，在當年七月號刊載《六二五韓戰參戰美軍在忠北永同老斤里屠殺三百多名百姓事件》的報導，詳細揭發了內幕。

一九九六年ＭＢＣ電視臺以《真話》月刊的報導為本製作了專輯節目，但是，後來韓國其他媒體並未多加關注，只有《真話》月刊在一九九九年六月號，再做了一次獨家報導《美軍第一機兵師士兵終於開口》。

一九九九年底受難家屬訪美時，美國陸軍部表示，將對此事件展開調查，並與韓方協商對遺屬的補償問題。同年，美聯社記者聯手撰寫有關老斤里事件的特別報導「The Bridge at No Gun Ri: A Hidden Nightmare from the Korean War」榮獲普立茲獎（Pulitzer Prize），揚名國際。美聯社的報導，是以兩件解密的美軍作戰命令原始文件，以及參戰士兵的證詞為基礎，美國第一機甲師與陸軍第二十五師司令部在作戰命令中指出，「將他們（難民）視為敵軍」。

二〇〇〇年一月九日，美國軍方的對策團由陸軍部長卡德拉（Louis Caldera）與七名民間專家共十八人到韓國，四天的訪問中聽取韓國調查團對事件概要與真相調查的報告，並直接到忠清北道永同郡的事件現場，傾聽受害居民的證詞與他們要求的事項。

在真相調查結束後的二〇〇一年一月，美國前總統柯林頓正式向老斤里事件受難者、家屬與韓國國民公開發表「深感遺憾」（deeply regret）的聲明。

老斤里事件的主要現場「雙洞橋」也於二〇〇三年六月三十日由韓國政府列為「登錄文化財第五十九號」，予以妥善維護保存，讓後代子孫得以記取歷史教訓。

透過影像、漫畫與音樂，教導人們重視人權

在有關老斤里真相調查成果不斷出現的同時，老斤里事件所代表意義，也從要求社會大眾記取歷史教訓的真相調查，轉變為教育人權、和平等普世價值的運動。自老斤里和平研究所設立之後，除了學術性的歷史研究之外，為使一般大眾也能對人權與和平有所認識與認同，他們也持續舉辦老斤里人權攝影暨漫畫展示會、舞臺劇表演、韓紙工藝作品展示會與祈願和平音樂會等。另外，忠清北道每年都針對國小、國中及高中生舉辦「老斤里人權作文暨讀書心得大會」，其他諸如老斤里紀錄片製作、長篇人權漫畫、交響樂、電影等也已一一呈現於世人面前。

有部紀錄片「老斤里精神永在」，藉由老斤里倖存者與當時加害美軍的口述記錄，來呈現事件歷史，讓民眾可以藉由影像，迅速瞭解老斤里事件的經過。老斤里事件所欲提倡的人權、和平等核心價值不僅僅只針對成人，為使青少年朋友也能充分理解，因此老斤里國際和平基金會也編輯製作了漫畫，經過六年的催生，於在二〇一〇年十二月，《老斤里的故事》一、二集漫畫出刊，第一集已翻譯成法文與義大利文，法文版甚至還入圍法國漫畫評論家與記者協會獎（ＡＣＢＤ）。

為了將老斤里事件的哀傷記憶轉換成反戰與和平的概念，老斤里國際和平基金會自二〇〇八年起籌劃老斤里交響樂

老斤里紀念館

（symphonic cantata），並於二〇一〇年十一月首演，將歷史蛻變成全人類共通的語言，透過音樂讓更多人瞭解和平的重要性，藉由音符來提倡、實施和平教育。

老斤里國際和平基金會鄭求熹理事長等人，曾於二〇一二年七月二日來臺灣參訪二二八國家紀念館，對於臺灣人民幾十年來對二二八事件所進行的來平反運動、真相調查及促成二二八國家紀念館成立等種種努力，深表敬意。老斤里國際和平基金會依據《老斤里特別法》負責經營老斤里和平公園，在眾人的努力下，老斤里和平公園於二〇一一年十月二十七日竣工，就韓國人權發展史的層面來看，這具有相當指標性的意義。

類似的戰爭屠殺罪行

美萊村屠殺是越戰期間，美軍第二十三步兵師第十一旅第二十團第一營C連的官兵，於一九六八年三月十六日在越南廣義省美萊村遂行的屠殺。男女老幼甚至嬰兒都被殺害，亦有女性被輪姦和屍體被肢解。屠殺事件被掩蓋了一年多，直到先後幾個美國士兵寫信反映自己所在部隊的暴行，並提到這個慘絕人寰的大屠殺。這件慘案掀起美國的反戰情緒。至於遇難者人數，不同的資料來源對於美萊村越南平民的實際死亡數目也各不相同。

美國軍方的官方報告指稱一百六十八人死亡，其中二十％是越南平民；越南的官方報告則稱住在村裡的九百名平民中，有五百六十八名被殺害。而《紐約時報》的一條消息指出，雙方政府私下同意，死亡數目在四百人到五百人之間。美萊村屠殺的消息被美國陸軍封鎖了一年，後來由美國記者西莫・赫許（Seymont Hersh）所揭發，一九六九年十一月十二日《紐約客》雜誌刊出屠殺醜聞，導致美國境內反戰情緒高漲，國際社會譁然，一致以「道德破產」加以責難。記者西莫・赫許於一九七〇年獲得普利茲國際報導獎。一九七一年三月三十一日，美國軍事法庭因美國陸軍中尉威廉・凱利下令開火而判處其終身監禁，但後來只服刑軟禁三年半。另有二十五人被起訴，但全都無罪釋放。

美萊村屠殺事件，導致一九六〇年代末期全美國的「反戰」示威與嬉皮運動，如燎原的大火燃燒全美，甚至影響到歐洲與日本學運的蓬勃發展，對後來三十年一個世代的年輕人的價值觀有莫大的影響。

檀園高中世越號船難

二〇一四年四月十六日發生的「世越號」船難事件，造成三百零四人死亡或失蹤，成為朴槿惠聲望開始一路下跌的關鍵，甚至是壓垮政權的最後一根稻草。這艘由仁川開往濟州島得客貨兩用輪，在全羅南道珍島海域因為觸礁而傾覆，最後整艘船沉沒，在七十二小時的黃金時間內，由於政府從中央到地方在救援過程中的「失能」與不作為，導致人命犧牲如此慘重，人民普遍認定這是一樁「人禍」。

但是，在青瓦臺與國家情報院的操控之下，為了不讓朴槿惠總統的形象受損，主流媒體受到打壓而噤聲，在事故現場第一線採訪卻無法報導真相；青瓦臺的顧問群卻一再要求第一線的救難官員隨時傳回最新資訊，導致海洋廳官員束手無策，只能放任受難學生家長在岸邊哭號。受難家屬後來在首爾市中心的光化門搭帳篷長期抗爭，並要求國會訂定「世越號特別法」，但是始終遭到國會的冷落。

這次船難事件朴槿惠政府展現的無情與冷血，讓人民寒心至極。於是在六月舉行的地方首長選舉，朴槿惠的執政黨新世界黨首嘗敗績，十五個市與道的首長只得到七席，地方教育監的選舉，十七席中只得到四席，完全慘敗。此時，她的支持度只剩下十七%。

世越號船難發生後的七個小時，朴槿惠總統神隱，傳說紛紜。有一說她前兩小時在青瓦臺內，請來美容師替她美妝，後來又到江南的整形型院去打肉毒桿菌。但是後來的說法，是她幽居青瓦臺的寢室三小時，不接電話也沒人知道她在做什麼，後來是幕僚去敲她房門通報她，才讓她走進總統辦公室。有關這七小時的行蹤，後來被代理總統的國務總理黃教安列入國家機密封存，永遠不得公開，所以世人完全無法知曉朴槿惠到底做了甚麼事而耽擱了救援。

二〇一六年十月中旬，韓國媒體揭發朴槿惠的閨密干政事件，引爆了全民憤怒，加上閨密崔順實的女兒鄭幼蘿特權入學，以及國編版歷史教科書事件等，終於使朴槿惠遭到國會彈劾，憲法法庭全員通過罷免，二〇一七年三月三十一日被收押起訴，結束了一個重度精神障礙的女總統統治四年的鬧劇。

韓國人原本期待第一位女性總統的出現可以使韓國社會有所不同，改變「父權主義」（Paternalism）的政治風氣，但沒想到朴槿惠與永世教的關係如此密切，使得全國人民都有被愚弄的感覺，舉國的憤怒於焉而起。

這次重大的船難導致人命的犧牲慘重，但是大權獨攬的總統的不作為，讓下面各級官員也不敢有所作為，其實展現的另一個現象是「比海底更黑的人心」，讓韓國人民痛惡至極，導致朴槿惠政權的提早垮臺。

嚴格來說，朴槿惠二〇一二年的當選就是「獨裁的復辟」。一九七四年她的母親遇刺死亡之後，她長年以長女身分在獨裁者父親身邊扮演第一夫人的角色，或許受父親影響，養成她獨裁威權的性格。

這也是近年韓國年輕世代嘲諷的「地獄朝鮮」的極致展現。在這個充斥「階級霸凌」的社會，這齣爛戲也就是「甲（總統）的橫暴，乙（全民）的眼淚」的寫照。這次事件會引發巨大的民怨，原因可歸納如下：一、社會不公的現象暴露無遺，特權橫行為非作歹；二、社會貧富差距持續擴大，富益富、貧益貧；三、世代不正義，年輕世代的失業率高居不下，幾

「世越號」船難是政府不作為釀成的「人禍」

檀園高中二年級五間教室之一，每張桌上放滿了同學對他們的追思（楊虔豪攝）

世越號船難罹難同學靈堂

乎翻身無望；四、朴槿惠當政非但沒為人民帶來幸福，反而比威權統治時代更獨裁與惡質。

【歷史小教室】韓國的燭光示威推翻了朴槿惠政權，請比較臺灣「三一八學運」與南韓「世代革命」的差異。

第六章 附錄

附錄一　南韓轉型正義未竟之路：從濟州四三到光州五一八

二次世界大戰之後，南韓有四大人權蹂躪事件，依發生時間序：一、濟州四三事件（一九四七年三月一日—一九五四年九月二十一日）；二、國民保（輔）導聯盟（一九四九年—一九五一年）；三、老斤里良民屠殺（一九五〇年七月二十六—二十九日）；四、光州抗爭（一九八〇年五月十八日—五月二十七日）。

濟州四三事件被定義為：「以一九四七年三月一日警察的開火事件為起點，並抵抗警察與西北青年團的鎮壓，以及反對（在南韓的）單選、單政，在一九四八年四月三日由南朝鮮勞動黨濟州島黨部武裝隊武裝起義之後，到一九五四年九月二十一日漢拏山禁足全面開放為止，在濟州島發生的武裝隊與討伐隊之間的武力衝突，以及討伐隊在鎮壓過程中造成無數居民犧牲的事件。」

濟州島因位處東北亞的要衝，是日本本土到中國戰區的中介站，地理的特殊性，使得日本在太平洋戰爭末期將濟州島當做戰略

姜堯培畫作「攻擊」。1948年4月3日清晨二時，蓄積的怒火終於爆發，武裝隊從漢拏山起兵攻擊了警署與右翼團體，展開了武裝起義

基地，駐屯了六萬日軍以阻止美軍的登陸。終戰之後，日本軍撤退，以及從外地回來的六萬名濟州鄉親，造成人口的急遽變動。

光復初期的期待破滅，回歸人口的就業困難、生活必需品的短缺、霍亂導致數百人犧牲、嚴重的農作歉收等惡劣情況交雜一起，加上米穀政策的失敗、日帝警察轉變為美軍政警察、軍政官吏的牟利行為等，成為嚴重的社會問題。也因為濟州島民的不滿，讓南朝鮮勞動黨（共產黨）有機可乘，煽動島民加入共產黨，反對美國軍事統治下在南韓舉行「單獨選舉」再組成「單一政府」。

濟州四三大屠殺是戰後第一次也是最嚴重的人權蹂躪事件。濟州四三起因於一九四七年三月一日，只比臺灣的二二八晚一天，三月一日是韓國一九一九年三一獨立宣言紀念日，一九四七年是二十八週年，濟州島人在北國民小學操場五、六千人集會紀念，集會結束之後群眾就上街遊行，本來是一個和平的遊行，但在遊行的過程當中，騎馬的警察把一個小孩踢傷了，旁邊圍觀的民眾群起抗議，抗議聲浪中騎警的馬受到驚嚇，緊張的騎警對群眾開槍，打死了六個人，八個人輕重傷，這個跟臺灣一九四七年二月二十七日，賣私菸的老婦跟旁邊圍觀的民眾被槍擊造成一死一傷，情況有些相像。

濟州島會發生大屠殺，因為濟州島是個離島，在南韓的西南邊，是一個獨立的孤島，所以濟州島被駐韓美軍認為是南朝鮮勞動黨的大本營，濟州島自己有它的歷史，過去在王朝時代，異議人士或國王不喜歡的人就把他流配到濟州島，所以濟州島人的叛逆性格比較強，戰後共產黨人滲透進去後，很多人就受到鼓舞。

三一節開火事件之後，從本土派來大量軍警與極右翼的「西北青年團」到濟州島來鎮壓，繼續逮捕、刑求、屠殺與南勞黨相關的人士。忍無可忍的濟州人，於是在一九四八年四月三日從漢拏山揭竿起義，稱為武裝隊，下山與軍警討伐隊火併。他們縱火攻擊了多處警察局與派出所，以及「西北青年團」的宿舍。

一九四八年八月十五日大韓民國正式成立前，南韓是由美國軍事統治，稱為「美軍政時期」，駐韓美軍司令為實際的統治者，美軍政廳下設有內務部、警政部等機構。對濟州人的大屠殺，起初是由駐韓美軍下令，由內務部長李承晚、警政部長趙炳玉等負責執行。因此，形同總督的駐韓美軍司令難辭其咎。

李承晚上任總統後，在一九四八年十月十一日於濟州島設置警備司令部，繼而在十一月十七日宣布濟州戒嚴令，隨即展開全面焦土化作戰，下令逃避在海岸線五公里外山區的人，即視為暴徒格殺勿論。一九四九年一月十七日（農曆一九四八年十二月十九日）討伐隊在北村里展開大屠殺，從上午七時開始的討伐作戰到下午五時，一千五百村民中一共有六百名村民被殺害，討伐隊接著轉到隔鄰的東福里，有居民八十多人遇害。

在此之前，李承晚政府要派遣駐守全羅南道麗水與順天的國軍，到濟州島鎮壓濟州人，在一九四八年十月十九日卻發生軍官抗命，拒絕到濟洲島屠殺自己同胞，後來李承晚派國軍部隊到麗水與順天平亂，並造成一千五百多平民遇難，史稱「麗順叛亂事件」。因為麗順事件，李承晚特別在當年十二月制訂「國家保安法」，對容共利敵者或宣傳煽惑左傾思想者可以入罪。

從一九四七年三月一日到一九五四年九月二十一日漢拏山解除禁足，一共拖了七年七個月才結束，中間還經過三年的韓戰，濟州島人仍繼續被屠殺。而濟州四三事件卻從此成為禁忌，人人噤若寒蟬。直到一九七八年，出身濟州的作家玄基榮首次以四三事件寫出「順伊三寸（阿姆）」的小說，揭露了這件慘案才引起韓國人的注意，但是此書隨即被朴正熙獨裁政府查禁，玄基榮被逮捕與刑求。反而日文版在日本倍受重視，在日本的文學界與學術界受到廣泛討論，到一九八七年「六月抗爭」民主化之後，「順伊三寸」才得到解禁，人民也吶喊要求平反四三。

濟州四三事件直到二〇〇〇年一月十二日制定「四三特別法」之後，才不再受「國家保安法」的束縛，濟州島人不再噤聲。二〇〇三年十月三十一日盧武鉉總統以國家元首身分，對國家公權力的濫用造成濟州無辜人民受難，公開表示道歉。濟州島現在有一萬四千五百多罹難者查出真名真姓，但還有一萬五千多人還沒找到。

二〇〇八年政府撥款成立四三和平財團（基金會），二〇一四年指定四月三日為國家紀念日（但是並不放假），二〇一九年四月三日，文在寅總統參加七十週年紀年儀式，這是十五年來第二次總統到濟州島，文在寅總統致詞十五分鐘左右，被熱烈的掌聲打斷了十四次，他保證會繼續追究真相、繼續挖掘並且鑑定遺骸到最後一具，他承諾會撥款給濟州四三和平財團讓他們繼續去做這些事情。

事實上，對濟州四三大屠殺責任歸屬的追究，仍是「現在進行式」。「濟州四三平和財團」二〇一九年特地到美國聯合國總部舉行研討會，要求美國為濟州大屠殺負起責任。因為若非駐韓美軍司令的指令，不應該在大韓民國政府成立之前，就發生如此慘絕人寰的大屠殺；其次，必須要被追究責任的人，就是大韓民國建國大統領李承晚，不過他已經在一九六五年辭世於夏威夷。不論如何，濟州四三大屠殺未來將如何發展，值得我們密切觀察。

接著來談「國民保（輔）導聯盟」。它成立於一九四九年。一九四五年解放之後到韓戰之前，有很多人從北韓逃下來，為了不讓金日成的共產黨統治，一直到一九四九年逃來的人還不少。一個反共檢察官吳制道發現，南逃避難的人當中，有不少人曾經是共產黨員，或潛伏到南韓的間諜，於是成立了一個「國民保（輔）導聯盟」，讓這些共產黨員能夠自新，給他們申告的機會。

為了鼓勵大家登記成為保導聯盟的盟員，用了各種優惠的誘因，包括送米、送麵粉，很多鄉下的村姑、鄉下的農人很窮沒有飯吃的情況下，也不知道什麼是共產主義，什麼是共產黨就登記為盟員，一共有三十萬人登記為盟員。韓戰爆發後，這三十萬人就把他們分區關在集中營。北韓軍南侵，南韓被打得落花流水一路往南逃，先逃到大田、大邱，最後逃到釜山，再往南就沒地方逃，只能跳海了。

這些保導聯盟的盟員被收容在集中營，變成軍隊在落難、逃難時的包袱、累贅，後來就將他們集體槍決，所以保導聯盟三十萬盟員，估計有十萬到二十萬被屠殺，但是他們都是列名造冊的共產黨員，所以就沒像濟州四三要求平反，因為都是各別的個人。

保導聯盟一共三十萬盟員，加入保導聯盟的人都是需要被監視的人。拘留在集中營的盟員大舉被殺害，全國的監獄裡被拘禁的濟州四三事件的關聯者也都立即處決，保導聯盟盟員第一波在監獄裡犧牲的人多達三千多人，很多受害者的屍體根本找不到。後來，在反共的軍事獨裁統治下，保導聯盟事件的犧牲者家屬仍噤若寒蟬，不敢公開要求平反或賠償，因為受難者都是自己申告也是登記在案的共產黨員，而且散居全國各地，無法組成一個團體要求平反。

二〇〇八年盧武鉉總統承認，保導聯盟事件是政府公權力不法殺害良民，正式向受害家屬道歉。二〇一五年南韓最高法院判決對巨濟島與昌原的兩個保導聯盟無辜受難者，應該給予國家賠償，迄今各地仍為保導聯盟事件犧牲者舉辦聯合慰靈祭。

第三個人權蹂躪事件是「老斤里良民屠殺事件」。是在韓戰爆發的一個月之後，一九五〇年七月二十六日—二十九日這是由美軍直接對韓國人，對忠清南道永同郡老斤里的居民，直接用機關槍跟空中的轟炸，殺死了四百多人，這是美軍直接的屠殺。當時，老斤里居民有三百多人躲在當地的雙洞橋下，遭美軍以機關槍掃射與飛機轟炸全部殺光。

老斤里倖存的居民，曾在一九六〇年與一九九四年到首爾的美國大使館請願，要求美國政府道歉與賠償，但是都遭到拒絕。一九九九年美聯社駐韓國的美韓記者聯手撰寫的「The Bridge at No Gun Ri: A Hidden Nightmare from the Korean War」榮獲普立茲獎，而成為國際新聞，美韓兩國的國防部只好被迫展開調查，承認有屠殺無辜人民的事態，但調查報告各說各話毫無交集。二〇〇一年一月十一日柯林頓總統以「深表遺憾」（Deeply Regret），而非「道歉」（Apology），承認老斤里屠殺良民的事實。

後來南韓政府撥款成立「老斤里基金會」，並設立紀念公園與紀念館。老斤里良民屠殺事件這個類似一九六八年越戰的美萊村大屠殺，算是轉型正義得到落實的唯一案例。

一九八〇年五月十八日到二十七日的「光州抗爭」，是全斗煥在前一年「雙十二政變」掌握軍權之後，為了進一步控制政權而設計的「陷阱策略」，迫使光州人落入陷阱，被激怒後挺身抗爭，而遭到戒嚴軍的強力鎮壓。前後十天的抗爭與鎮暴，一共造成二百零九人死亡，四千三百多人輕重傷的慘劇。

一九九五年十一月二十四日，金泳三指示制訂特別法調查鎮壓光州的真相；十二月十九日國會以二百二十五比二十通過「關於五一八民主化運動等之特別法」、「關於破壞憲政秩序犯罪之公訴時效等之特別法」兩項不設公訴時效的特別法。

前總統全斗煥與盧泰愚旋即被逮捕，分別被以「叛亂」（政變）與「內亂」（光州屠殺）判處無期徒刑與十七年的重刑。轉型正義得到初步的落實。但是誰下令鎮壓、開第一槍？以及美國的角色，仍然真相不明，責任歸屬不清。

當時，由於美國國務院官員不希望東北亞出現第二個伊朗人質危機，光州事件發生時，美國不僅事前知情，同意新軍部調動前線部隊，也提前調訓美軍準備協助鎮壓，甚至連事後的對策都已擬定，後來解密的美國外交檔案都證實了。光州事件因而成為韓國人「反美」的契機。

過去兩年間因為有新事證發現，包括：軍方情報當局流出當年派兵鎮壓的檔案，動員直升機從空中對地面的群眾掃射，抗爭中心的錦南路附近大樓發現由上往下射出的彈痕，以及調動鎮壓部隊的公文與時間表，這些新事證之外，二〇一八年十月三十一日有三名婦女挺身指控遭到戒嚴軍的性侵。二〇一八年南韓檢方已對全斗煥再提起刑事起訴，後續發展仍待觀察。

所以光州民主化運動的轉型正義仍是「現在進行式」。光州事件因為發生比較晚，大家比較清楚。不過，不能否認的是，戰後南韓四大人權蹂躪事件中，有三件與美國直接或間接有關，老斤里算是已經結案，保導聯盟也只能不了了之；但是濟州四三事件與光州五一八民主化運動，美國都難辭其咎。二〇二〇年是光州事件四十週年紀念，美韓對此的因應與互動，仍耐人尋味。

附錄二　以韓國為師：韓國黯黑之行的意義

一九九六年三月我在一家電視臺擔任總編輯，外電新聞傳來韓國前總統全斗煥與盧泰愚被高等法院判處無期徒刑與十七年的重刑，當時的金泳三總統痛罵這兩人「破廉恥」（寡廉鮮恥），這當然是當天的頭條新聞。半年後我去長春開國際會議和中國學者閒談時，仍是環繞著這件史上僅見的兩名前總統同時站在司法審判臺的大事。

當時臺灣的某位高層，對金泳三如此司法侍候兩位前總統，直呼不可思議也認為金泳三未免太「無情」了。但是韓國卻是全民額手稱慶，因為全斗煥政變奪權後又屠殺光州，後來的鐵腕暴政幾乎讓全民受害，所以司法對他們的清算，至少還給了韓國人、尤其是光州人最起碼的正義。

韓國對軍事獨裁全斗煥「第五共和」的清算，歷時十七年（其他案例暫且不談），算是亞洲「現世報」轉型正義最快、最具成效、最讓其他國家欣羨的案例。以至於每當二二八事件被臺灣人怨嘆，經過五、六十年後乃至於今天仍然「真相不明、責任歸屬不清」時，韓國的轉型正義經驗往往成為比較與參考的範例。

我從二〇〇七年至二〇一七年參與「二二八事件紀念基金會」以及高雄市「人權委員

會」之後，讓我從一個媒體逃兵蛻變為「人權傳教士」，幫助國人與學生了解韓國的「過去清算」，成了老天賦予我的社會責任，於是我幫助了二二八事件的國際化，也幫助濟州四三大屠殺踏出「世界化」的第一步。

十年間累積的實務經驗與人脈關係，成為我的新資產。如何分享給更多老師、再影響更多的年輕世代，也就成為我的新使命。

幸運之神總是眷顧著我。當我每個月都忙著三、四場「轉型正義的他山之石」巡迴演講之際，教育部制定的一〇八年課綱讓我更加忙碌。為了讓高中歷史與公民老師能夠更加深入了解韓國落實轉型正義的作法，在范巽綠次長的推動之下，由國教署執行了兩次韓國人權遺址的踏查活動，二〇一八年與二〇一九年兩次的行程都是我規劃的，兩次參訪的遺址完全不一樣。黯黑行參訪的遺址，都已由同行老師分別撰稿，收錄在研討會專刊裡，在此就不再贅述。

臺韓兩國在二戰之後，都經歷了冷戰反共體制下的意識形態鬥爭，新殖民者與接收者的蠻橫統治而導致大屠殺的發生，無數的無辜生命被犧牲了。而且蹂躪人權事件發生的時機，竟然是如此的巧合，世界上恐怕找不到「悲情現代史」這麼雷同的難兄難弟了。

自從我參與二二八、美麗島事件與韓國的交流之後，曾經有一年的二二八放連續假期，學生都很開心。但是問他們為什麼二二八會成為國定假日，二二八事件又是什麼？全班竟然沒有一個人答得出來。因為二二八事件已經被「泛政治化」了，如果課堂上專講二二八，學生很可能會認為我在給他們洗腦，或在講他們祖父世代與他們無關的歷史問題。

但是二二八是當代臺灣所有問題的根源，每個家庭直接或間接、或多或少都受到二二八事件的影響，我做為承先啟後的中間世代，對於二二八這個重大的慘案，不教絕對不行，否則就是「師之惰」與「師之過」。

於是，二〇〇七年以光州事件為主題的電影《華麗的假期》在韓國造成轟動，我從隔年起就以此片巡迴各地演講，並且在每一門課都放映給學生看，幾乎每次整個教室都成為一片淚海，我再解說韓國如何能夠在光州事件十六年後（一九八〇年—一九九六年）落實轉型正義。於是，學生就會去反思臺灣的二二八為什麼做不到？

所以我認為，轉型正義師法韓國是最直接又有效的作法。然後再帶老師們去韓國的不義遺址現場踏查，更具意義與實效。再加上韓流的大眾文化在臺灣已經流行了近二十年，年輕世代對韓國

電影《1987：黎明到來的那一天》海報

社會文化的接受度也相對比較高，老師們以在韓國的親身體驗，做為人權與轉型正義教育的教材，正可以達到因勢利導的效果。

轉型正義「以韓國為師」並不可恥。大家可以拋棄對韓國既有的成見與誤解，不論老師們是「哈韓」或「反韓」，請先「知韓」！我從事韓國研究與臺韓比較將近半世紀，我都不得不承認，在轉型正義這個領域，韓國比我們強過數十倍。臺灣人請加把勁，「真想贏韓國」不是靠嘴叫叫就可以，請大家起而行吧！

附錄三　光州事件史蹟列表

一、國立全南大學
二、光州火車站前廣場
三、市外巴士轉運站舊址
四、錦南路
五之一、舊全南道廳
五之二、五一八民主廣場
五之三、尚武館
五之四、基督教青年會（YMCA）
六、基督教女青年會舊址（YWCA）
七、光州文化放送（MBC）舊址
八、綠豆書店舊址
九、全南大學醫院
十、光州基督教醫院
十一、紅十字醫院

十二、朝鮮大學
十三、飢餓橋一帶
十四、州南村附近良民屠殺地
十五、廣木間良民屠殺地
十六、示威廣場激戰地
十七、尚武臺舊址
十八、無等競技場舊址
十九、良洞市場
二十、光州公園市民軍集結地
二十一、五一八最初開火地
二十二、光州監獄
二十三、國軍光州醫院
二十四、光州舊墓地
二十五、南洞聖堂
二十六、五〇五保安部隊
二十七、野火夜校

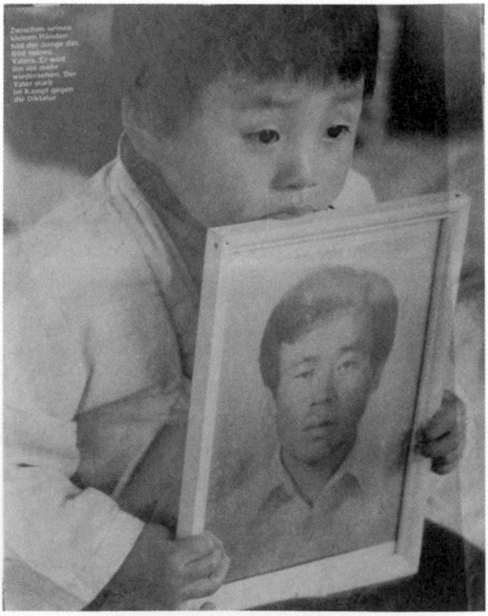

二十八、全日大樓

二十九、故洪南淳律師故居

光州市政府網站

History 045

黎明前的半島記憶：韓國人權與民主紀行

作者—朱立熙、王政智、鄭乃瑋
照片提供—朱立熙、王政智、鄭乃瑋、林世芝、國教署人權教育資源中心
主編—李國祥

董事長—趙政岷
出版者—時報文化出版企業股份有限公司
108019台北市和平西路三段二四〇號三樓
發行專線—（〇二）二三〇六—六八四二
讀者服務專線—〇八〇〇—二三一—七〇五
（〇二）二三〇四—七一〇三
讀者服務傳真—（〇二）二三〇四—六八五八
郵撥—一九三四四七二四時報文化出版公司
信箱—一〇八九九臺北華江橋郵局第九九信箱

時報悅讀網—http://www.readingtimes.com.tw
電子郵箱—genre@readingtimes.com.tw
法律顧問—理律法律事務所　陳長文律師、李念祖律師
印刷—和楹印刷有限公司
初版一刷—二〇二〇年一月十七日
初版二刷—二〇二四年五月二十八日
定價—新臺幣三五〇元

時報文化出版公司成立於一九七五年，
並於一九九九年股票上櫃公開發行，於二〇〇八年脫離中時集團非屬旺中，
以「尊重智慧與創意的文化事業」為信念。

黎明前的半島記憶：韓國人權與民主紀行 / 朱立熙，王政智，鄭乃瑋著. -- 初版. -- 臺北市：時報文化，2020.01
面；　公分. -- (History；45)
ISBN 978-957-13-6852-8(平裝)

1.韓國史 2.民主運動

732.275　　108022781

ISBN 978-957-13-6852-8
Printed in Taiwan